我的数学教学
思与行

THINKING
AND
ACTION

牛玉辉 著

知识产权出版社
全国百佳图书出版单位
—北京—

图书在版编目（CIP）数据

我的数学教学思与行 / 牛玉辉著 . —北京：知识产权出版社，2024.9. — ISBN 978-7-5130-9508-2

Ⅰ . G623.502

中国国家版本馆 CIP 数据核字第 2024VZ9612 号

内容提要

如何落实小学数学学科核心素养的培育？河南省中原名师牛玉辉基于自己多年的教学实践与教育反思，以提升学生核心素养为导向，引发深度思考。本书从教育感悟、数学课堂、教学研究、教育思考四个维度入手，揭示了落实数学核心素养培育的有效策略与教学艺术。本书是她在教学实践中用心"做"出来的，既有方法引领，又有案例示范与剖析，对于广大一线教师提升教育教学水平颇有借鉴价值。

责任编辑：郑涵语   责任印制：孙婷婷

我的数学教学思与行

WO DE SHUXUE JIAOXUE SI YU XING

牛玉辉   著

出版发行：知识产权出版社 有限责任公司		网　　址：http：//www. ipph. cn	
电　　话：010-82004826		http：//www. laichushu. com	
社　　址：北京市海淀区气象路 50 号院		邮　　编：100081	
责编电话：010-82000860 转 8569		责编邮箱：laichushu@cnipr. com	
发行电话：010-82000860 转 8101		发行传真：010-82000893	
印　　刷：北京中献拓方科技发展有限公司		经　　销：新华书店、各大网上书店及相关专业书店	
开　　本：720mm×1000mm　1/16		印　　张：15.5	
版　　次：2024 年 9 月第 1 版		印　　次：2024 年 9 月第 1 次印刷	
字　　数：220 千字		定　　价：65. 00 元	

ISBN 978-7-5130-9508-2

前　言

对一名教师而言，文化的底蕴、教育的理念、艺术的技法都是不可或缺的素养。三十余年耕耘在小学数学这片"土地"，笔者积累了不少经验，始终保持一丝不苟的工作态度，切实抓好教学工作中的各个环节，把各种教学方法有机地结合起来，充分发挥教师的主导作用；始终以学生为主体，在课堂教学中注重渗透数学思想方法，形成了自己独特的教学风格，也形成了一些自己的观点。本书尝试着用文字的方法把它们整理、记录下来，不断回顾与反思，不断积累自己的教育教学经验。

本书共分四章，从教育感悟、数学课堂、教学研究、教育思考四个方面展开。

第一章教育感悟以叙事的形式，回顾成长经历和学习思考而形成的对教师职业及教育教学的心得体会。

第二章数学课堂主要是教学设计和教学案例，绝大部分是笔者多年教学实践中所做的一些尝试，有的案例侧重于分析教学内容和教学目标，有的案例整合单元结构，有的案例介绍创新方法。

第三章教学研究，是笔者经过多年的实践与探索，针对目前小学数学教学中存在的一些问题，进行的课题研究。

第四章教育思考，信手拈来，夹叙夹议，或许不够典型，或许观点偏颇，但期待读者的包容与批评。

目录

第一章

教育感悟

第一节　行行重行行　在思索中前行

春来冬去，花谢花开。蓦然回首，踏上教育的列车已经三十载，屈指算来，教师职业陪伴笔者走过了一万多个与时俱进、风雨兼程的日子。三十年来，笔者对教育事业的热爱、思考、探求与执着一直坚定不移，在小学数学教育教学研究的路上留下了一串串清晰的脚印，收获了一颗颗饱满的果实。

一、沉浸在自己选择的幸福里

1994 年中师毕业的笔者，是一名普普通通的小学教师，没有卓尔不群的气质，没有才高八斗的学识，没有出类拔萃的才能，好似一棵不起眼的小草，默默无闻。初心是一把尺子，能辨别真伪，能衡量是非。教师的初心是教书育人的初心，是第一次站到讲台前的雄心勃勃，那份激动，至今不泯。自己的选择是自己应该坚守的，每一种选择都有其契合生命的意义。

有人说："从事教师职业是一种高尚的选择，其精神的富足是其他职业无法享受的。"所以笔者深深地爱着自己的选择，深深地爱着教育事业，深深地爱着学生。多少个白天黑夜，倾尽全力：备课、上课、批改作业、课外辅导、学习教育理论、坚持专业自修、参加电脑培训、撰写教研论文……就这样为学生描绘着一道又一道美丽的风景。苦吗？苦。累吗？累，但笔者却心甘情愿，苦、累都是幸福的。因为笔者知道，自己窗前那盏疲惫的灯能照亮学生希望的路。经过仔细推敲的课，学生听起来才有滋有味，像汩汩甘泉流进心里，甜美滋润，每当此时就能感受到奉献的喜悦，体会到作为教师的欣慰。

作家张晓风在《我交给你们一个孩子》中写道："学校啊，当我把我的孩子交给你，你保证给他怎样的教育？今天清晨，我交给你一个欢欣、诚实又颖悟的小男孩，多年以后，你将还我一个怎样的青年？"笔者努力地思考着这个问题，并尝试着回答这个问题。笔者与自己的学生朝夕相处，始终想着这两句话："假如我是孩子""假如是我的孩子"。这份感情使笔者对学生少了一份埋怨，多了一份宽容；少了一份渴求，多了一份理解；少了一份指责，多了一份尊重。因为家长把天真烂漫、聪明伶俐的孩子交给了我们，这是对教师的极大信任，我们没有理由不去爱他们，皮格马利翁能用真情使雕像变成少女，我们也一定能用爱心感动学生。

既然做出了自己的选择，就没有遗憾和后悔；选择了天空就无法享受大地的安宁，选择了远方就无法停下自己的脚步；沉浸在自己选择的幸福里不断前行。

二、在幸福中追寻"有远见"的教育

教师的"幸福"，展现出一个过程——教师可以从学生的身上、从继续教育中、从教学的过程里有所领悟、有所收获、有所成长；表达出一个结果——通过一节又一节课的教学研究，不断地积累教学经验，增强教学水平，提高自身幸福感；通过教育学生，进一步地了解学生，积累了教育学生成长的成功策略，分享学生成长的快乐；通过教育科研、获奖课题、发表论文，得到同事、同行和领导的认可，享受成功的快乐。所以说教师在教书育人时是幸福的。

在"墨香"里寻找幸福。首先，在阅读中会一次次被感动，又会在感动之后，更深切地洞悉生活的真谛。在读书的过程中，唤起对永恒和伟大的渴望，那是创造力的源头，是人类文明发展不竭的动力。其次，静下心来与书交流，是一种滋润，也是内省与自查，伴随着感悟和体会，淡淡的喜悦在心头升起，浮荡的灵魂渐归平静，让自己始终保持着一份纯净而又向上的心态。最后，在读书的过程中，磨炼了意志，升华了思想，陶冶了性情，悠闲自在地享受每分每秒。

在"阵地"上捕捉幸福。现在，教学模式不断翻新，我们就像一个握着手术刀，却不能按自己的方法进行手术的医生。我们为什么不能简单一些，秉承数学教学的本色，不在眼花缭乱的变革中迷失自我，剔除喧嚣与浮华，保留精髓，抓住本质，使课堂变得简洁而美丽，和学生一同享受"真"的快乐。学生——先学后生：学即学习、思考，必须经历过程；生即生成、生长、发展，同样也是过程。学生是各具特色、灵动鲜活的生命个体，在教学过程中要尊重差异，尊重每一个学生在学习中的独特体验。因此笔者积极探究新理念、新教法，逐步形成了"以生为本、合作探究、互动生成"的教学风格。在这个"阵地"上，给学生提供潜能、思维、学习力等基本素质和能力的生长土壤，为学生创造在经历中体验、在感悟中成长的环境；让他们从中学会思考问题的方法，培养探究知识的能力，这种成长过程、思维方式的价值，远远超过了"知识点"本身，笔者和学生们一起享受着在"阵地"上成长的幸福。

在"追寻"中感悟幸福。课堂教学的手段形式可以千变万化，但数学课堂教学的本质是真正不变的，在牢牢把握这个本质的基础上，对于具体的形式、手段等要灵活运用，做多种预设。正是因为一直在思考该如何把握数学课堂的本质，在多年的且行且思中，笔者慢慢有了一些自己的感悟。

寻求数学教学的本质，首先，要对教材进行充分研读。有一句话叫"要用教材教而不是教教材"，当时笔者片面地把这句话理解为教师无需过多理会教材，大可随心所欲，也缺乏对教材应有的"敬畏感"，也曾为此走过许多弯路。直到后来，才逐渐明白"用教材教"是建立在充分吃透教材并领会教材编写意图的基础之上的。禅语有云：看山是山，看山不是山，看山还是山。其实这也对应着我们研读教材的三重境界：走进教材，走出教材，让教材走进内心。唯有如此，才能将教材内化加工，重新创造，方能达到"信手拈来，为我所用"的境界，课堂的多种教学预设也才能成为可能。

其次，在解读教材时，笔者也常常尝试从学生的视角看待所需学习的知识，所以寻求数学教学的本质，还要学会读懂学生。读懂学生一方面靠教育学、心理学等专业知识的支撑，另一方面是课堂教学经验的积累。这就要求我们要做一个有心人，多站在学生的角度思考问题，多想一想学生已经知道了什么，学生希望得到什么样的帮助，我想这就是我们所讲的"以生为本"吧。

最后，寻求数学教学的本质还要学会读懂自我。刚参加工作时，笔者曾多次刻意模仿某位名师的上课风格，但最后总落得个东施效颦，起初也百思不得其解，但后来笔者才慢慢认识到，一个人的性格、成长经历、兴趣爱好、能力特长等使得每位教师对自己的个性特征、教学的形式、手段等除了要服务于教材、学生之外，还要服务于自我。形式、方法千变万化，我们需要做的是，寻找适合自己的方法并努力发挥其最大的价值。

三、在遇见中体验、领悟、成长

生命成长的过程，是一个不断"遇见"的过程：有缘的人，平常的事，美丽的景，朴素的物……这些构成了笔者教育生命中的美丽。2015 年，是笔者教学生涯的第 21 年，这一年，笔者"遇见"了自己的团队——平顶山市小学数学教育牛玉辉名师工作室。这份美丽的遇见，感召笔者至善至美的教育梦想，以一种沉默的铺垫将笔者带至新的起点、新的教育旅程。

有一种体验，叫"山重水复"。名师工作室运行之初，笔者设计的活动方案常常会追求"大挑战""高难度"，曾陷入"盲目求新"难以自拔。结果，工作室活动屡遭搁浅、难以圆满，个中滋味令笔者痛苦不已。

有一种领悟，叫"柳暗花明"。工作室运行中，受贵人指点，好友相伴。茫然之际，他们的"旁观者之语"常能让笔者"醍醐灌顶"。记得一位专家曾经说过："每个工作室都要有自己的定位、特色和研究专长。"领悟之后，是思考，是沉淀，也是目标的确定，笔者脚下的路走得越来越坚定。

有一种成长，叫"峰回路转"。正所谓"风雨之后见彩虹"。在工作室运行的过程中，有"平原"的"驰骋快进"，有"低谷"的"迂回难行"，还有"高处"的"攀岩缓登"。不经此途，何以遇见"风光旖旎"，实现观念的更新、心态的成熟及智慧的提升。于是，我明白了，专业成长从来不是一蹴而就、一帆风顺的，拥有丰厚的"成长印记"，才能获得丰收的"成功果实"。

赠人玫瑰，手留余香。真心待人，给人以帮助和引领，自己也从中享受着幸福。教育教学经验需要在学习中积淀，在实践中积累，在应用中提升，需要一代又一代的传承与创新。在名师工作室的团队中，让周围的每一个人来分享自己的经验，常去倾听他们的需要，帮他们出点子、想主意、相互切磋、共同成长。一次次的合作，一次次的辛劳，一次次的碰撞，融合的不仅是思想与发现，还有生命里的经历与积累。

学无止境、教海无涯。笔者愿用生命去拥抱身边的伙伴，去衬托娇嫩的花朵，把自己的成功与失败记录在纸上，用"真"虔诚守望每一个生命，留住心里的那片宁静。在教育的列车上品读收获，在收获中进取，在感恩中前行！

第二节　踏上新征程　启航新梦想

云天收夏色，木叶动秋声。火热而忙碌的秋季，笔者又开启了新一轮的教师培训。

笔者从事教学已经三十年了，在这三十年当中，笔者从一名青涩的"小"教师日渐成熟，慢慢拥有了自己的教学特色，成为了年轻教师眼中的"老教师"、家长、学生口中的"名师"。笔者也曾经自认为自己的教学已经走向成熟，直到2020年笔者有幸成为中原名师培育对象。从那一天起，笔者接触了更多的名师、教授、专家，聆听他们的报告，学习他们的经验，看着他们取得的辉煌成就，读着他们的教育思想，笔者开始认识到自己的不足。按照河南省教育厅所提出的要求，中原名师是豫派教育家，而笔者离教育家的路还有很远。

做好自我规划，明确目标方向。

自我规划，这是在成为中原名师培育对象之后映在笔者脑子中的第一个词。开启航程之前，要知道你要到哪里去。

（1）走向哪里？朝着目标前行。目标决定学习方式和学习路径，学习无处不在。自己心目中"中原名师"的形象是什么样的？

（2）现在在哪里？了解自我，扬长避短。

（3）要成为什么样的人？

未来的修炼要做到"三魂"合一，专业精神让我们拥有了高尚的灵魂，人格特质让我们成为有趣的灵魂，专业能力让我们成为有水平的灵魂。作为中原名师，笔者深知自己要走的路很长，要在格局上打开眼界，思考要更有深度；还要加强教学科研能力，用科学的方法研究教学；更要知行合一，凝练教学思想，提升专业素养。

一、坚持终身学习　促进持续发展

"玉不琢，不成器；人不学，不知道。"作为教师，给每个学生一杯水，那么自己就要有长流水。教师成长首先就要从心理上有向上发展的内驱力。

（一）随风潜入夜，润物细无声——要做不一样的教师

职业与兴趣一致的人是幸运而又幸福的，过重的工作负担几乎使学习成了教师的奢侈品，但教师的成长离不开学习，要处理好工学矛盾，教师就要善于学习。一是会挤时间，二是能提高学习效率。挤时间，关键是有学习的紧迫感，认识提高了，时间就会挤出来。提高学习效率，一是学什么，二是怎样学。教师在学习中最常见的是捧着书本学，这是必不可少的，这对跟上课程改革形势，接受他人的启迪大有助益，但教育教学专著一定要读，这样才能系统

地了解、吸收、借鉴作者的教育思想和实践经验。于永正认为："最应该而且最值得站的是理论家这些巨人的肩膀。站在他们的肩膀上，将使我们看得更远。"正所谓"有境界自成高格"，唯有高尚的精神境界才能成就高格调的课堂生活。教师的文化素养决定了学生学习的品质，教师的心灵力量预示着学生的生命强度。正如陶行知所说："唯有学而不厌的先生才能教出学而不厌的学生。"

（二）横看成岭侧成峰，远近高低各不同——要做会教、善教的教师

培养学生的核心素养，这是当今信息化时代的需要，也是新课程改革的要求。当前核心素养被置于我国深化课程改革的要求中，成为下一步深化教育改革的关键因素和未来基础教育改革的灵魂。所谓"核心素养"，就是学习者在同书本对话、同他者对话、同自身对话的过程中，驱使技术、寻求直面问题的解决方略，从而产生学力，形成人格的素养与能力。这就要求教师进行"课堂转型"，让学生由"被动学习"变为"能动学习"，从"个体学习"变为"协同学习"，由"浅层学习"变为"深度学习"，从而形成自主学习和发展的能力。

要做一个会教、善教的教师，就要经常进行学习，学习可以解惑，提升自己的认识，升华自己的内心。但学习并不是一味地、肤浅地浏览和模仿，还得及时总结和反思，积累素材。在反思中收获新知，寻找问题解决的思路，为教学寻找突破口，进而提高个人的竞争力，加快自身成长的步伐。

（三）采撷百花酿好蜜——要做谦虚好学的教师

一位特级教师曾说："仅仅拥有知识的人看到一块石头就是一块石头，而拥有智慧的人却能在一块石头里看到风景，从一粒沙子里发现灵魂。"知识只奠定了教师课堂教学的底气，而智慧却给教师带来灵气，一个有底气和灵气的教师在课堂上才会大气，才会表现出教育机智。

大胆创新，先破后立。我们教学的追求是什么？教学的追求只是分数吗？

我们可能离大教育观还有一定的差距。刚开始的培育阶段，大家深感迷茫、不知所措，但我们要学会暂时丢弃，先丢弃自己已有的实践经验，跳出自己的学科、课堂、学校，换一种思维路径和方式方法，尝试进行学科间的融合，打破学科本位思想。大道至简，每个学科都有育人的价值，我们要把学生当成一个个完整的、富有生命力的人来看待，把学生的全面发展作为教育教学的终极目标。

作家韦娜曾说过："人生就像行走在海里的船，所有的经验在海啸面前都是空白。""人类的大脑会对自己的经验产生依赖，经验往往并不牢靠，反而会固化思维，让你在真正危险来临之时，变得麻木，反应迟钝。"这就是著名的"火鸡理论"。你以为抱紧过去的经验就能如鱼得水，殊不知，世界每时每刻都在变化，过去的经验反倒会成为今日的束缚。一个人只有及时清空过去的经验，保持空杯心态，不断学习，才不会被时代淘汰。"路漫漫其修远兮，吾将上下而求索"，学习一直在路上。

目标已明确，路径已清晰。教育探索之路艰辛而漫长，让我们把目光放得更加长远，沉潜课堂，深耕教育，精研教艺，经历一段破茧成蝶、凤凰涅槃的过程，绽放灿烂的生命之花。

第三节　在行思中沉淀

秋去冬来，评上中原名师培育对象已经一年之久，每每静思，都让笔者恐慌，笔者感到更多的是责任，是压力，真正感到教育是充满智慧的事业，深刻意识到自己肩负的责任。

笔者的教学理念需要更新、教学风格需要更明、教学主张与教学思想需要更凝练。

名师"名"在哪里？

笔者困惑着、焦虑着，痛苦着。华南师范大学知我所需，想我所想。2021

年 9 月 25 日至 26 日，为我们专门举行了线上的集中培训。华南师范大学邀请了全国知名高校的专家进行专题讲座，深入解读凝练教育教学思想的方法和路径，从理论上厘清了教育教学思想与教学主张的区别，深入解读了其中的内涵和特征，余文森教授的《中小学名师与教学主张的提炼》、杨剑老师的"三论"教学思想、陈金飞校长的"智性数学"、林伟教授的"思意数学"，为笔者凝练教育教学思想打开了眼界，提示了路径，引发了笔者深入的思考，让笔者在迷茫中找到方向。正所谓"欲穷千里目，更上一层楼"，无数萦绕在心中的迷茫和困惑，通过这两天的专家引领，笔者知道了从哪里想起，从哪里做起，从哪里开始。

一、转变教育观念，提升个人素质

教学主张是名师教学的内核和品牌。品牌缺乏、教学主张或教育教学思想不鲜明、不坚定，就不能称之为真正意义上的名师。

教育教学思想来自教学思考，来自自身的教学经验，几位专家都提到：优秀的教师在教学实践活动中都会自觉不自觉地，有意无意地对相关问题进行思考，并在此基础上形成对教学的一些看法、想法、念头、观点，我们将其统称为教学思考。这些思考是有价值的见解，但总体而言是相对零散的，不够系统的，相对浅层的，不够有深度的，相对模糊的，不够清晰的，只有经过理性的加工和自我孵化，教学思考才能提升和发展为教学思想。教学思想是教师对教学问题的系统的、深刻的、清晰的思考和见解，具有稳定性和统领性。

余文森教授说：教育教学思想来自实践，优秀教师在教学实践活动中会形成和积累一些行之有效的做法，我们称之为教学经验，这是真正原生态的、原发性的东西，是教学的宝贵资源，遗憾的是不少教师仅仅满足于自己的经验，认为有了实践就有了真知，凭教学经验就能获得教学成功，所以他们往往不自觉地以经验的眼光审视问题和教学行为，把自己的认识实践局限于经验的范围内，就很难提出更高的要求，不少名师，不少教师，因此止步不前。

怎样打破这种"藩篱"？具体怎么做呢？余文森教授提出：教师的个人理论一定来自教师个人的实践与经验，但是由于从实践到理论，从个人经验到个人理论，这个过程不是自发产生的和实践的，教师不仅要增加学习，而且要有这方面的自觉性，一方面把自己的经验和自己的行为、所见、所闻、所得，加工、提炼、升华为理论；另一方面用先进的科学理论反思、批判、充实、引领自己的实践，经过实践，通过双向的互动，把自己的经验转化为充满思想和智慧的教学主张，从而不断地形成和完善。教学主张是教学思想的具体化、个性化和学科化，是教学经验的提炼、概括和提升，是理论与实践、认识与情感、知识与智慧的核心。

总之，名师的成长、教育教学思想的凝练路径是：经验＋反思＝成长。

名师在教学中积累了丰富的经验，而且这些经验富有以下特点：丰富性、独特性、有效性。任何教学主张都是扎根在教学经验的基础上的，所以要先梳理自己的教学经验。

📖【我的思考】

笔者回顾了自己多年来形成的教学经验，发现笔者备课执教的特点是尊重学生。在笔者的观念中学生不是一张白纸，他们带着自己生活的经历，原有的认知，独特的性格、习惯等走进我们的课堂。每一个学生都是有鲜活个性的人，他们具有自己的喜好、特点和认知习惯，我们的教学要顺应学生，我们的教学要唤醒他们的认知基础与经验，鼓舞、激发他们学习的欲望。因此笔者准备任何一节课的时候，都先要求自己读懂学生。笔者会考虑：学生已经会了什么？掌握到了哪种程度？他们更需要了解什么？哪些知识是需要我教的？哪些知识是学生已经掌握了的？需要怎样有针对性地处理？什么样的教学策略更有助于学生的发展？需要教的则教，有基础的可以让他们彼此通过交流互相学习，容易混淆的，要分析混淆的根源是什么，需要对比辨析还是需要强化提炼……所以笔者的教学观点主要是尊重学生，教学的主张是教学要适合学生，要了解学生的基础。

二、走向实践与反思，追寻优化教学灵感

教育教学思想来自经验，高于经验，最后要落实到学科的教学实践中去。教师的专业追求、专业探索、专业提升要靠不断的反思，教师要学会在言语和行动中思考，在反思批判中成长。自己的教育教学实践就是一种学术行为。教育教学思想只有在教学实践中反思才能逐渐树立起来。

✍【我的反思】

回顾自己曾经走过的路，回顾自己与学生相处的经历，笔者更加清醒地认识自己的教育风格，寻找自己的教学主张，从而提炼自己的教学思想。

早年的笔者追求将知识讲得扎实，追求学生的"双基"，就是基础知识扎实，基本技能熟练，缺少帮助学生积累活动经验、感悟数学思想的教学意识。近十几年笔者开始认识到学生来到课堂上不仅要培养"双基"，还要感悟数学思想，积累活动的经验，提升能力，为将来后续的学习、终身的发展打下基础。特别是经验的积累，包括学习的经验、活动的经验、解决问题的经验，所以我们的教学要注重"四基""四能"，要突出"三会"。

近些年来，笔者在课堂上越来越注重数学活动的组织与开展，在数学活动的过程中更好地唤醒学生的原有认知，更好地鼓励学生在活动中发现与思考，探索与理解，更加深入了解学习建构。在活动和交流中，学生经历知识的发生、发展、应用的过程，能有效地培养学生的创新精神和应用意识。

三、梳理典型课例，积淀教学经验

教师的教学主张是教师教学认识、教学情感、教学意志和教学行为的融合体，主要包括教师在教学实践中对教学组织、教学交往、教学评价等具体的教

学行动的看法。

此次培训的专家指出：有了自己的个性化的主张，就有了独特的视角，是名师发现、挖掘教材新意和亮点的探测器，用自己的定义和主张来解读和处理教材，才能赋予教材个性化和生命化的因素。名师的课堂是个性而有深度的，这是名师的课堂区别于普通教师课堂的标识与特性。名师与普通教师的区别，不在于具体的一节课的效果与环节的处理上，而在于教学的整体面貌、内涵、气质、格调、水准上，而这一切的背后决定因素是教学主张。因此要提出自己的教学主张，凝练教学思想，需要教师反思自己与他人的教学，从中寻找"共性"，同时对比他人做法去"求异"。

✍ 【我的反思】

在多年的教学过程中，笔者积累了大量的课例和案例。这些都凸显着笔者教学与众不同的风格，里面也隐藏着笔者的教育思想和对很多问题的观点及看法。现在的笔者对于自己的教学主张与教学思想还处于迷茫阶段，专家的话给了笔者很大的启示，笔者不妨利用自己的课余时间，重新翻开自己曾经积累的这些案例、课例，从中再一次解读，再一次回顾，寻找自己与众不同的想法、观点和理念。从记录笔者曾经遇到过的教育中的问题、感人的教育故事中，找一个词或一段话尝试概括，找到一个概念、下一个定义尝试表达。看看什么最能反映自己的核心思想，最能代表自己的想法，也许灵感就来了。

四、重塑阅读力，做有思想的教育者

行为是由思想生成的，教学主张是教学思想的具体化、个性化、学科化，是教学思想的凝练、概括和提升，是理论与实践、认识与情感、知识与智慧的核心。教学主张，在整体上表现了教师理性思考的深度和教学理想追求的高度，一言以蔽之，教学主张表现了教师教学自觉的程度，也是教学是否成熟、是否优质的重要标志。

📝【我的反思】

　　培训中，专家提出了几个让笔者深思的问题：你读过哪些人的教育思想？你比较认可哪些教学理念？你有自己的教育思想吗？笔者凝练不出教育教学思想的原因就源于笔者的理论水平不足，思考不足。笔者需要进一步学习，用阅读丰富理论认识，去多读、多看、多思、多想。笔者要在增加自己理论认识的基础上，反思自己读过哪些人的教育思想，有哪些可以为自己所借鉴，是不是可以从这些理念中生发现笔者的教育思想。

　　思想来自教育观、知识观、学生观、教学观和教师观。提炼教学主张的三种视角：学科的视角、教育的视角、学生的视角。提炼教学主张的两条路径：归纳的路径，演绎的路径。

　　所以笔者要在加强学习、多读书的基础上，重新反思自己的教育观、知识观、学生观、教学观，从中找到自己的"观点"，自己的"概念"，自己的"定义"。特别是对国家大政方针的了解，对国家对教育政策的解读，要了解国家对培养人才的要求，树立正确的教师观和学生观。

　　然后按照余文森教授指出的路径，提炼教学主张的三个阶段"照着说→接着说→自己说"来凝练自己的教育思想。在学习和阅读中，笔者有意识地关注"关键词""关键观点"。此次培训中，很多名家名言非常值得笔者借鉴，具体摘录如下：

　　只有能激发学生去进行自我教育才是真正的教育。

　　教育就是一种帮助，教师最重要的任务之一是帮助他／她的学生。

　　教育不是一味地批评，教育是一种激励，引导和召唤，是教育者与被教育者心灵之间的沟通，因此作为教师应该学会笑着做教师，蹲着看学生，乐着做同事，以从容、平和、真诚的心态带给学生爱的召唤。

　　教育就是让人心动。

　　相信学生具有可塑性，相信学生能够学习，相信学生能够参与。

尊重每一个学生，让他们敢于讲话；相信每一个学生，让他们都有事做；激发每一个学生，让他们都能分享；鼓励每一个学生，让他们都能思考。

五、关注学科特质，凝练教学思想

余文森教授在报告中提醒教师们：教学思想的凝练与提出要符合学科的性质和特点，体现学科特有的文化内涵和价值意义。中小学教学是按学科进行的，每门学科都具有其特殊性，体现自己教学主张教学思想的时候，一定要考虑所教学科的精神特质是什么，这样的精神特质对学生的发展来说意味着什么，只有体现学科特质和精气神的教学主张，才真正彰显所教学科对学生发展的特殊价值并推进学科教学改革的深化，这也是教学主张的宗旨，离开这一宗旨教学主张就会误入歧途。很多教学主张蕴藏在各个学段、各个学科的"通性通法"中。提炼教学主张是对自己学科教学进行思考和研究，这种思考和研究是一个艰难的过程和挑战。找个概念，下个定义，围绕概念、定义进行长期的深入思考和系统的学理研究，从而构建自己的理论体系。经验思维是一线教师的优点也是局限。要进行深层次的思考，追问各种教学现象和问题背后的本质和规律，要有大智慧、大眼界、大境界、大格局。把自己的思考变成思想，让思考系统化、结构化、深度化、清晰化。

✍ 【我的反思】

数学有哪些与众不同的学科特质？它在什么地方有别于语文、物理、化学等其他学科？笔者要从学科的内涵和规律中发掘它的内核，并结合自己的教学实践、教学经验、教学特色，提炼、总结出具有数学学科特质的教育教学思想。

凝练教育教学思想的过程，无疑是痛苦而艰辛的，人最难超越的是自我。在批判、反思中痛并快乐着，有压力才有动力，有痛苦才有成长。河南省教育厅和培训基地导师对中原名师的高标准，严要求，促使笔者站到更高的高度去重新审视自己的教学行为，反思自己的教学历程，回顾自己的教学生涯，总结凝练生成自己的教学思想，围绕自己的教学思想，再去进一步开展教学实践，这个过程对笔者来说是一个巨大的挑战，但也正是在这样的挑战中，笔者才能突破自我、超越自我、提升自我，只有这样的过程，才能促使笔者从普通的教师走向教育家，尽管这条路还很长，艰辛还很多……

最后，笔者要用培训中的名家的话激励自己前行：

提炼教育教学思想就是找到一个概念，要照亮自己的教学经验，让教学经验发展为一种思想，一种教学品牌，一种风格，一种学说。

名师不一定是一个思想家，但一定是一个思考者，是个有思想的人。

选择一种职业，也就选择了一种生活。

名师，站起来是一座山，始终坚定而自信，充满激情；坐下来是一本书，有丰富的涵养，让人读而不厌；躺下去是一条路，能够帮助别人，为人们指引方向。

思想有多深，路就会走多远！

第四节　输出倒逼输入

教育是唤醒，是一个灵魂点燃另一个灵魂。在中原名师培养过程中，华南师范大学教育学部部长王红教授的讲座"变革教学范式　推进课堂形态转型：从输入为本到输出为本"，让人至今记忆犹新。

她现身说法，为我们讲述了她这个上学第一天就与人大打出手，四年级数学成绩只有18分的女孩子的逆袭人生，其中的转变就是一位数学老师坚持不懈地为其进行了长达半年的补习，成就了一位专注于教育研究，专注于学生发展的中国教育改革的领军人物。

她以"双减"前课外班造成的"影子教育"为例，阐述了教育形态的异化问题，课外班的存在严重干扰了正常的教学工作，教学内容的"知识下放"严重违背了中小学、幼儿园孩子的思维发展规律，使小学的孩子拼中学知识，幼儿园教学小学化，造成舆论焦虑，使家长对学校的教育充满质疑。同时学生也在课外班的裹挟下缺乏责任心与使命感，对课外补课形成了严重的依赖心理。尤其是一线的教学更是承担着巨大的教学压力，只有危机和冲突才会带来范式的变化，必须做出改变才能提高效果，增强效率。虽然近年来许多的教育手段被大量应用于教学，一定程度上促进了教学质量的提高，可是却没有真正从根本上改变学习"输入—加工—输出"的范式流程，因为信息技术在当前的使用依然是对教学手段的改变，如智慧课堂、无人教室、平板教学，教学变化的只是形式而并非本质，只是借助的工具不同，本质依然是输入学习。

听过之后笔者的心久久不能平静。千百年来，中国的课堂教学都以输入为本，这种课堂教学模式，很大程度上禁锢着中国学生，制约着中国教育的发展。当我们一次次反思诺贝尔奖在中国少有时，是否真的找到了教育的弊端所在呢？冷静之后，笔者一直在思考：如何才能让我的课堂转为以输出为本呢？如何提出问题才能促使学生进行深度思考，处于高阶状态呢？

笔者突然意识到了为什么有些学生上课明明认真听讲，可还是一听就会，一做就错，因为听讲属于一种被动学习的方式，这就解释了为什么有些学生怎么也教不会，其原因就在于被动，因为学生自己根本不想学，不会学。输入范式方式的"知识留存率"低到令人发指，如果还是以输入为本，学生的角色就是一个存储器，想要提升知识的留存率，就必须主动采取不同的学习方式，王红教授提出了以输出为本的教学理念，就是要改变传统的以输入为本的教学范式，构建以输出为本的教学范式，让学生成为知识的"中央处理器"。以输出作为价值追求，以输出倒逼输入，加强再加工的过程，意味着教与学的逻辑终点和逻辑起点发生变化。

以终为始的学习方式，如同我们在确立论文题目之际就会在自己的大脑中展开知识搜索，整合已有的经验和知识存储，设立自己解决问题的基本框架，针对框架中缺少的部分大量查阅文献，依据论文阐述的主要观点进行深度挖掘，使之成为自己论文体系中的重要环节。在此过程中，在目标驱动下的学习力是最强的，大量摄取的文献会成为个人认知体系中的新生力量，与曾经的知识及经验逐步建立起链接，达成撰写优质论文的学习目标。

当下，我们每一位教师都应该认识到问题根源所在，我们如何调整才是以输出为本的课堂教学范式？如何去改变目前的以输入为本的教学状态？如何用问题解答倒逼学生知识的输出？例如，在日常教学备课时，教学目标的设计不仅基于教材和《教师用书》，其最根本的是应以"输出为本"，真正静下心来想想学生到底需要什么，根据学生的输出需要来设定合理的教学目标，而不是"人云亦云"或"自我思维固化"。

学生的"输出能力"是学生核心素养高、学习能力及解决问题能力强的综合表现。我们在教学中怎样培养和发展学生的输出能力，并利用多种教学手段去悉心呵护他们输出的信心、培养输出的兴趣、提升输出的能力，使学生喜欢输出、会输出、能输出，应成为我们真正的教学目标。

在专家的引领下，换个角度看问题的收获是震撼心灵的，如果只教书而没有思考，教师的价值与机器何异？教育没有教师思想的蜕变就不会有课堂教学行为的转变，教师教学的方式不转变，学生学习的方式就不会转变，再谈其他种种也只能是空中楼阁。中原名师作为先行者，发挥星火燎原的作用，让我们的改变带动更多人的改变，让教育逐渐向光而行，向暖而行。

第二章

数学课堂

第一节　"A4 纸中的数学问题"教学实录与评析

教材分析

本节课是长方形、正方形周长和面积的练习课，是在学生初步掌握长方形和正方形的特征，会计算长方形和正方形周长的基础上编排的。本节课的教学是平面图形面积的练习课，对以后教学其他图形的面积计算有重要的基础作用。《义务教育教科书教师教学用书》提出了以下的教学目标：一是结合实例认识面积，使学生建立初步的面积概念；二是体会并认识常用的面积单位，并且能够进行简单的单位换算；三是探索并掌握长方形、正方形的面积公式。小学生从学习长度到学习面积，是空间形式认识发展上的一次飞跃。学好本部分的内容，不仅有利于发展学生的空间观念，提高解决简单实际问题的能力，而且还能为以后学习其他平面图形的面积计算打下基础。

教学内容

苏教版《数学》三年级下册第六单元，长方形、正方形周长和面积的练习课。

教学目标

（1）通过一张 A4 纸唤醒学生对长方形、正方形知识的认知，能正确、快速、多角度地思考解决长方形、正方形的周长和面积的相关问题。

（2）使学生通过 A4 纸的主题活动发展空间观念，积累猜想、分析、推理、验证等基本数学活动经验，发散思维，感悟基本的数学思想。

（3）让学生经历探索的过程，感受数学魅力。

教学重点

长方形、正方形周长和面积的计算方法。

教学难点

建立长方形、正方形周长和面积之间的联系。

教学准备

课件、A4 纸若干。

教学过程

（一）观察、联想，唤醒认知

1. 创设情境，导入新课

教师出示一张 A4 纸。

提问：同学们，老师手里拿的是什么？

学生可能有不同的答案：这是一张 A4 纸；这是一个长方形。

师：没错，从生活的角度来看，这是一张普普通通的 A4 纸，有的同学还用数学的眼光想到了长方形（板书：长方形）。这节课我们就和这张 A4 纸做游戏，让它带我们走进奇妙的数学世界（板书课题：A4 纸中的数学问题）。

2. 复习长方形的有关知识

提问：看到这张 A4 纸，你们能想到哪些数学问题呢？

生 1：它的周长是多少？

生 2：它的面积是多少？

引导学生发现：长方形的周长、面积的大小和它的长和宽有关。已知这张 A4 纸的长约 30 厘米，宽约 20 厘米，让学生分别计算它的周长和面积。

3. 复习正方形的有关知识

观察联想：由长方形你想到了什么图形？

从而引出正方形，并建立长方形和正方形之间的联系。

接着让学生在这张长方形的 A4 纸上折出一个最大的正方形。

观察：折出的正方形的边长是多少？从而帮助学生复习有关正方形周长和面积的计算方法。

【评析】通过组织学生观察 A4 纸，从实物中抽象出几何图形——长方形，再以"由长方形你想到了什么图形"提问，正方形及正方形与长方形之间的几何关系，在看似简单的周长和面积的基础练习中，唤醒学生对长方形和正方形特殊的认知，加深对周长和面积概念的理解。

（二）质疑、研究，温故知新

1. A4 纸对折

让学生动手把 A4 纸对折成两个不同的长方形。

观察提问：对折后的这两个长方形的周长和面积发生了什么变化？

学生独立思考，点名回答：这两张纸原来都是 A4 纸，现在折出来的都是原来的一半，面积都是 300 平方厘米。

接着再引导学生通过计算也可以比较这两个长方形的大小（学生独立计算，点名回答）。

观察计算结果，你有什么发现？

得出结论：面积相等的长方形，周长不一定相等。

【评析】通过对 A4 纸的第二次变形——对折，让学生在思考"这两个不同的长方形面积怎么样"的问题时，引导学生通过观察、分析，将对折后的长方形与原长方形（即 A4 纸）进行比较，发现前后面积的关系，通过几何直观培养学生推理能力。

2. 自主探究

提出：周长相等的长方形，面积是不是不一定相等呢？

学生独立思考，把思考的结果写在研究记录单上（表 2-1）。

表 2-1　研究记录单

长（厘米）	宽（厘米）	周长（厘米）	面积（平方厘米）
6	1		
5	2		
4	3		

3. 学生汇报

教师出示结论：周长相等的长方形，面积不一定相等。

教师小结方法：刚才我们通过把 A4 纸对折，使周长和面积发生了变化，在探究长方形周长和面积的变化规律时，我们既可以分析推理，还可以通过计算来验证。

【评析】通过探究"周长相等的长方形，面积不一定相等"这一规律，使学生经历猜想、举例、验证、数据分析等一系列活动，促使学生进一步意识到数据中蕴含着信息，初步发展学生借助数据进行科学分析、合情推理的能力，旨在帮助学生积累解决数学问题的经验。

（三）几何应用，发散思维

1. 剪

教师演示：在 A4 纸的右上角剪去一个小正方形。

引导学生观察：它的周长和面积发生什么了变化？

点名回答：周长不变，面积变小。

（让学生说明理由）

课件演示平移的过程，帮助学生进一步理解周长不变的原因。

思考：如果在 A4 纸的左上角剪掉一个小正方形，周长和面积又会发生什么变化呢？

生：周长不变，面积变小。

师：如果在右下角、左下角各剪去一个小正方形，周长和面积又会发生什么变化呢？

生：周长不变，面积变小。

得出结论：由此可见，无论在这张 A4 纸的任意一个角剪掉一个小正方形，它的周长都不变，面积都变小。

接着探究：如果沿着长边的中间剪掉一个小正方形，也就是：凹字形，它的周长和面积发生了什么变化呢？

学生通过观察、思考，发现：周长变大，面积变小。

继续探究：如果在 A4 纸的中间剪掉一个小正方形呢？它的周长和面积发生了什么变化？

生：周长变大，面积变小。

教师小结：看来呀，我们在 A4 纸上剪掉一个小正方形，它的面积都变小，周长可能不变，也可能变大。

【评析】通过将 A4 纸"剪"成一个不规则图形，加强变式练习，渗透转化思想。让学生体验到解决问题方法的多样性，从而发展学生的创新意识。

2. 添

探究：如果在 A4 纸的右上角添上一个小正方形，周长和面积怎么变化呢？

学生回答：周长变大，面积变大。

教师接着分别出示在 A4 纸的中间和左上角分别添上一个小正方形，让学生观察周长和面积的变化规律。

教师小结：在 A4 纸上添一个小正方形，它的周长变大，面积也变大。

【评析】在剪的过程中出现凹字图形，在添这个环节出现凸字图形，让学生观察发现，凹字图形比 A4 纸少了一个小正方形，凸字图形比 A4 纸多了一个小正方形，培养学生借助于几何直观来分析问题的能力，有效渗透数形结合思想。

（四）拓展延伸，创新思维

教师出示名牌提问：做一张这样的名牌要多少平方厘米的纸？

生：可以先算出一个长方形的面积再乘 3。

教师表扬：你真聪明！这一打开，打开的是智慧啊！立刻就把这张立体的名牌变成了一个长方形的 A4 纸，真是好办法。

拓展思维：这张 A4 纸真神奇，一会儿变成正方形，一会儿变成汉字，一不留神又变成名牌，你们想一想：这张 A4 纸还可以变成什么图形？（变成一个三角形、圆柱等）

【评析】通过解决"做一张这样的名牌要多少平方厘米的纸"这个问题，启发将立体的名牌打开转化成一张长方形的 A4 纸，体验由"体"到"面"的转化过程。

学生谈收获。

全课总结：同学们收获真不少。这节课我们把 A4 纸通过折、剪、添发现了长方形周长和面积的变化规律，其实许多的学问就隐藏在我们的生活中，只要用心去观察、去探究，相信你们就会有新的发现、新的收获。

【评析】本节课始终以一张普通的 A4 纸作为教学素材，并贯穿全课，简约而不简单。通过不断的变形、变换，将长方形、正方形的周长与面积相关的知识点串连成线，形成知识网，既达到了复习巩固的目的，也有利于学生从整体上把握知识，同时也帮助学生进行了很好的拓展与延伸。本节课在设计时充分挖掘蕴含在知识背后的更为本质的东西，即数学思想，用数学独有的思想魅力吸引学生，并让学生积极快乐地参与其中。

板书设计

A4 纸中的数学问题

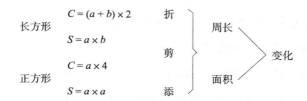

总 评

本节课是一节整理练习课，教师在设计本节课前，从学生平时学习的情况出发，抓住学生的典型错例进行分析，力求读懂学生犯错的原因，以此来确定练习的教学重、难点，加强练习的针对性，从而提升练习课的实效。

1. 强化概念的比较辨析，揭示知识内在联系

在课上教师设计了以下问题：

问题一：求长方形 A4 纸的面积和周长。

问题二：在长方形上折出一个最大的正方形，求正方形的面积和周长。

问题三：从长方形的右上角剪下一个边长为 10 厘米的正方形，求剩余部分的面积和周长。

问题四：这张长方形的 A4 纸还可以变成哪些图形？通过这 4 个问题，加强长方形、正方形面积和周长的对比，通过对比来揭示知识的内在联系，达到强化学生认知结构的目的。

2. 适时总结提炼，渗透数学思想方法

在课堂中要通过让学生经历对知识的比较、判断、推理和应用的过程，体验

蕴含其中的数学思想方法。例如，对数形结合思想的渗透，学生结合图示与列表，通过直观形象的例子，发现周长相等的图形面积不一定相等，其中正方形的面积最大；面积相等的图形周长不一定相等，其中正方形的周长最短。从而感受数与形的内在联系，体会几何直观的作用，达到进一步理解数形结合思想的目的。通过解决"做一张这样的名牌要多少平方厘米的纸"这个问题，启发学生将立体的名牌打开转化成一张长方形的A4纸，体验由"体"到"面"的转化，是学生思维的再次升华、向未来知识的延伸，从而激起学生探究数学的欲望和兴趣。

培养推理意识是小学数学教学的一个重要任务。学生在学习活动中要拥有发现问题的眼睛，培养分析问题本质的能力，掌握研究问题的思路。随着活动经验的积累，学生的质疑能力、解决问题的能力也将不断提升。

第二节 "三角板中的数学智慧"教学实录与评析

教材分析

本节课是一节综合与实践课，以培育学生的"四基""四能"为根本，围绕"用一副三角板拼角"的核心问题展开探究活动。利用三角板画出多种角度，这不仅是在角的认识基础上提出的更高要求，更是综合了组合、角度相加减等知识的运用，锻炼了学生的操作能力和有序思考的思维能力。

教学内容

苏教版《数学》四年级上册第八单元"垂直与平行"的内容。

教学目标

（1）让学生在新旧知识的冲突中，激发操作探究的欲望，厘清三角板中角之间的联系，自主学会用三角板画角。

（2）让学生在探求画角过程中，经历观察、操作、讨论、交流、归纳、分析和整理的过程，积累基本的数学活动经验，体验画角方法的多样性，并能找出所画角的规律。

（3）让学生在数学活动中，增强实践能力，逐步形成合作和创新的意识，并让学生在探究的过程中掌握合情推理的数学思想方法。

教学重点

让学生分别学会用一个三角板画角和一副三角板拼起来画角，并能找出所画角之间的规律。

教学难点

让学生学会用一副三角板减拼来画角，并能掌握 165º 角的画法。

教学准备

教具：课件、三角板、自主学习单。

学具：常规学习用品、三角板。

教学过程

（一）谜语导入

师：我们数学上有很多作图工具，老师这有一则谜语就隐含了一种，是什么呢？我们一起来看谜语：一对亲兄弟，都有一直角，三足而鼎立，我们离不了（打一作图工具）。

师：谁想出来了，请举手。

（学生举手）

师：你的反应可真快，你来说。

生：三角板。

师：你们真聪明，三角板大家都很熟悉，我们都可以用它做什么呢？其中又有哪些知识呢？这节课我们就一起来研究三角板中的数学智慧。

【评析】新课引入环节，教师创设有趣的情境，从学生感兴趣的谜语入手，激发学生的学习兴趣。

（二）用三角板画角

师：同学们，我们先一起来回顾一下一副三角板一共有几个？

生：两个。

师：那你们知道三角板中每个内角的度数吗？

（学生回答）

师：这个三角板每个内角的度数是多少？（举起 30º 的三角板）

（学生举手回答）

师：请你上来给大家说一说。

（学生回答）

师：非常好，那这个三角板每个内角的度数呢？（举起 45º 的三角板）

（学生举手回答）

师：知识掌握得真牢固，接下来请同桌两个相互说一说。

师：知道了三角板每个内角的度数，老师想用三角板画一个 30º 的角，你们谁能帮帮我？

（学生举手）

师：你真是一个乐于助人的好孩子，你来试一试。

（学生上台画）

师：同学们注意看他是怎么画的。

师：谢谢你的帮忙。在他画的时候你们发现有什么问题吗？

（学生举手）

师：观察得真仔细，是的，我们应该先画一个点作为顶点，然后把三角板上 30º 角的顶点和它对齐，并从这个顶点出发，沿 30º 角两条边画出两条射线。这样就可以用一个三角板画出 30º 的角了。

师：那同学们思考一下，用这个三角板能画出几种不同度数的角？（举起 30º 的三角板）

生：三种。

师：分别是什么？

（学生回答，教师相继板书）

师：那用这个三角板能画出哪些度数的角？（举起 45º 的三角板）

（学生回答，教师相继板书）

师：好极了，下面请同学们从这几个角中任意选择一个，画在自主学习单上，同桌两人用三角板比一比，相互验证一下画得是否正确。

师：都画好了吧？

生：画好了。

师：那除了这几个角，老师还想画一个 75º 的角，用一个三角板行吗？

生：不行。

师：那用一副三角板可以吗？

生：可以。

师：说说你们想怎么画。

师：这位男同学你来说。

（学生回答）

师：你真是一个聪明的孩子，能想到用一副三角板拼起来画，厉害。我们先画一个 45º 的角，接着再画 30º 角的时候，三角板应该怎么放？（边讲解边示范画）

（学生举手）

师：你知道，那么你来说。

生：把它们的顶点重合，其中一条边重合。

师：你也太厉害了吧，竟然能说得这么准确！谁能再来说一说怎么放？

师：你试一试。

（学生回答）

师：很好，我们这样放好之后，再从这个顶点出发，沿 30º 角的另外一条边画一条射线，把多余的部分擦去，这样就拼成了一个 75º 的角。

师：其实我们还可以怎么画？

（学生举手，并回答直接把两个角拼在一起）

师：怎样才能把 45º 的角和 30º 的角拼在一起呢，你来示范一下吧！

（学生演示）

师：拼得很正确，能给大家分享一下你的诀窍吗？

生：把它们的顶点重合，其中一条边重合。

师：说得真详细。谁还想说？你再来说一下。

（学生回答）

师：不错，把它们拼在一起之后，我们先画一个顶点，把拼成的角的顶点和它对齐，从这个顶点出发，沿拼成的角的两条边画出两条射线，这样也能画出一个 75º 的角。

师：怎么样，用一副三角板拼起来画角的方法你们学会了吗？

生：学会了。

师：那试试吧，请你们选择一种自己喜欢的方法在自主学习单的第 2 题上画一个 105º 的角。

师：画好的同学坐端正，我们请这位同学分享一下他的画法。

（学生展示自己的画法）

师：你不仅画得好，表达得也非常好。还有不同的画法吗？

（学生举手）

师：请你再来展示一下。

师：你的动手操作能力也很强，那么用一副三角板都能画出哪些度数的角呢？下面请同学们小组合作，动手画一画，我们先来看要求。谁愿意给大家读一读？

师：请你来读一读。

师：真不错，很清晰地把要求读给了大家，我们要注意用一副三角板来画，并且只能拼一次。现在开始吧，4人一小组试着画一画。

（小组合作）

师：我看同学们都画好了，哪个小组的记录员愿意来跟大家分享一下？

（学生举手）

师：你们画出了哪些角？分别是怎么拼成的？

（教师相继板书）

师：其他小组有要补充的吗？

（学生举手）

师：你们还画出了哪些角？怎么拼的？

（教师相继板书）

师：还有其他的角吗？

生：没有了。

师：同学们想一想，刚刚我们把30°角画在45°角的外面，画出了一个75°角，如果画在里面呢，能画出一个多少度的角？

生：15°。

师：反应可真快。我们先画一个45°的角，再在里面画30°角的时候，要注意什么呢？

生：把它们的顶点重合，其中一条边重合。

师：真细心。我们先把这两个角的顶点重合，30°角的一条边和45°角的一条边重合，再从这个顶点出发，沿30°角的另外一条边画一条射线，把多余的部分擦去，这样就减拼成了一个15°的角。

师：我们不仅可以用一副三角板加拼来画角，还可以减拼画角。

师：那用一副三角板可以画出哪些角？

师：105º、135º、150º 等。

师：同学们太厉害了，竟然能用一副三角板画出这么多的角，下面请同学们把用一个三角板和用一副三角板画出的所有角按度数从小到大的顺序排列一下，写在练习本上。

根据学生回答，教师板书：15º、30º、45º、60º、75º、90º、105º、120º、135º、150º、180º。

师：请同学们认真观察这些数据，看一看有什么发现？

生：每相邻的两个角相差 15º。

师：你们真善于观察，我们来看，从 15º~150º 每相邻的两个角都相差 15º，但是 150º 和 180º 却相差了多少度？

生：30º。

师：看到这个现象，你们有什么想说的吗？

生：在 150º 和 180º 之间还能画出一个 165º 的角。

师：这位同学给大家提出了一个很有意思的猜想，他的猜想是否正确呢？我们还需要验证，该如何来验证呢？

生 1：可以用 90º、45º、30º 合在一起画。

师：这种方法可行吗？

生 2：不可以。

师：为什么？

生 2：因为操作要求明确提出，注意用一副三角板来画，并且只能用一次。

师：看来这个问题难住大家了，我们一起先回顾一下 15º 的角怎么画。

师：如果我们延长 15º 角其中的一条边，得到的这个角度是多少度？

生：165º。

师：在这些角里面，哪个角最难找？

生：165°。

师：我们先根据发现进行猜想，然后验证这个角是可以画出来的，最后得出结论，这种思考问题的方法叫做合情推理。

（三）知识拓展

除了数学，科学中也有很多这样的例子。例如，我们都知道的海王星，海王星发现之前，太阳系中有七大行星，天王星就是第七颗。但在它发现后不久，科学家通过观察，发现它总是偏离轨道，于是猜测太阳系中应该还有一颗未知行星的存在，英国的亚当斯和法国的勒维耶通过大量的计算，最终算出了这颗天外行星的位置，并取名"海王星"。海王星的发现是通过观察、猜想、验证得出的结论，因而被称为"笔尖上发现的海王星"，希望同学们以后也能借用这种方法去解决更多的问题。

（四）课堂总结

普普通通的三角板竟然有这么多知识，真是太神奇了，最初它是由古希腊人发明的，之所以要设计成90°、60°、30°和90°、45°、45°这两个三角板，是因为这样的三角板既好看又实用；更重要的是它们都是直角三角形，比较特殊，其中还蕴含着更丰富的知识。就让我们在以后的学习过程中，带着数学的眼光和数学的思考方法去探索更多关于三角板的奥秘吧！

板书设计

三角板中的数学智慧

每相邻的两个角都相差15°

猜想—验证—结论

合情推理

总 评

在本节课中，教师注重从学生已有的经验出发，让学生通过自主探索、合作讨论探究用一副三角板拼角的有关知识。教师结合本节课的内容特点，设计集活动性与知识性为一体的教学课程，充分发挥了学生的主体性，激发了学生的学习兴趣，培养了学生合情推理意识和应用意识。

课始，教师通过猜谜语，从实际生活场景引入新知识，唤起学生的问题意识，激发学生的学习兴趣。学生学习知识的过程是一个主动建构的过程，本节课紧扣核心目标——用一副三角板拼角，学生将画出的角度从小到大有序排列，其实就是在运用理性思维；学生依据已有规律猜测出 165° 的角，实际上是在进行合情推理；"海王星发现过程的介绍"开阔了学生视野，增长了见识，让学生更加深切地感受到数学的魅力与价值。

有效的教学是教师的教和学生的学的有机统一，学生是学习的主体，教师是学习的组织者、引导者与合作者。本节课的教学一方面恰当发挥教师的主导作用，注意激发学生的学习兴趣，引导学生自主探索，有效提高了教学效果；另一方面突出学生的主体地位，培养学生从数学的角度进行思考，直观地、合情地获得一些结果，引导学生通过观察、猜想、推理、验证等方法独立思考、合作交流、自主探索，鼓励学生发现并提出问题，让学生在用一副三角板拼角的知识探索过程中了解知识背后的数学本质，提高自主探索的有效性，培养质疑问难、勇于探索的科学精神。

总之，教师在教学中要直面学情，通过创设生动的现实情境，让学生充分经历思考、探究、讨论、交流的学习过程，提高学生的认知力、合作力、创新力和实践力，使学生的高阶思维得到有效提升，真正从"学过"走向"巧学习、真学习、深度学习"，发展学生的核心素养。

第三节 "解决问题的策略——转化"教学实录与评析

教材分析

转化是指把一个有待解决的问题转变成已经解决或比较容易解决的问题，从而使原问题得以解决的一种策略。转化是一种常见的、极其重要的解决问题的策略，理解并掌握这一策略，对于学生培养分析和解决问题的能力和发展数学思考，具有非常重要的意义。本节课教学的重点是让学生在解决问题的过程中，初步领会转化的过程和特点，体会转化的价值，进一步增强解决问题的策略意识。难点是引导学生针对具体问题寻找合适的转化方法。例1呈现了两个稍复杂的，画在方格纸上的平面图形，要求学生比较这两个图形的面积。教材安排了三个层次的学习活动，让学生充分体会转化策略的应用过程。三个层次学习活动的安排，既让学生在不同解题方法的对比中初步感受到转化策略的价值，又让他们经历了应用转化策略的具体过程，从而能为进一步深入认识转化策略，以及应用转化策略解决不同问题奠定基础。

教学内容

苏教版《数学》五年级下册105~106页内容。

教学目标

（1）初步学会运用转化策略分析问题，能根据问题的特点确定具体的转化方法。

（2）在解决实际问题过程中体会转化的含义和应用，进一步培养转化意识和能力，感受转化策略的价值。

（3）进一步积累运用转化策略解决问题的经验，增强解决问题的策略意识，提高学好数学的信心。

教学重点

对转化策略的体验和主动应用。

教学难点

会用转化策略灵活地解决问题。

教具准备

多媒体课件、例题图片、剪刀、研究单。

教学过程

（一）直观演示，在对比中引出转化策略

1. 游戏：考考你的眼力

（1）下面两个图形（图 2-1），哪个面积大一些？

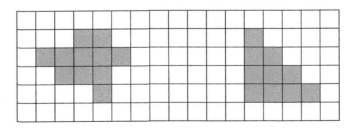

图 2-1　比较面积大小 1

生 1：用数方格的方法可以比较两个图形的大小。

生2：左边图形有 11 格，右边是 10 格，所以左边图形的面积大。

（2）下面这两个图形（图 2-2），哪个面积大一些？

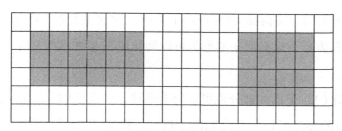

图 2-2　比较面积大小 2

生1：根据计算公式直接计算后比较大小。

生2：长方形的面积大，因为正方形的面积为 4×4=16（格），长方形的面积为 6×3=18（格）。

2. 课件出示

（105 页例 1，下面两个图形，哪个面积大一些？）

生1：我感觉一样大吧，但不太确定。

生2：我觉得可以把图（1）的上面平移下来转化成长方形，图（2）是不是也可以转化呢？

根据学生的回答，教师引导：想到平移，想到转化，很巧妙！你们能像这样想到一些"巧"办法来比较大小吗？试一试。

【评析】教师创设"考考你的眼力"游戏的问题情境，利用两个图形形状不同导致面积大小不一的冲突引入新课，这样的问题情境既能对学生学习新知识发挥导向作用，又能产生激励功能；同时让学生初步感知转化策略，为学生感悟策略埋下伏笔。

（二）主动探究，在交流中明晰转化策略

1. 提出建议

同学们可以在研究单上画一画、算一算，需要时可以动手剪拼两个实物图，先独立思考，再小组交流。

2. 交流汇报

小组边汇报边展示实物图。

组1：图（1）上面的部分可以向下平移，拼成长方形，图（2）两边半圆旋转，拼成长方形，这样两个图形都可以转化成长8格、宽6格的长方形，所以面积相等。

组2：图（1）下面的部分也可以向上平移，拼成长8格、宽6格的长方形，图（2）上面的部分可以分开分别向下旋转，拼成长12格、宽4格的长方形，所以面积相等。

组3：我们组图（2）的方法跟大家不一样，是从中间剪开翻转后，拼成长8格、宽6格的长方形，两个图形的面积也相等。

3. 感受策略

教师引导：比一比，这些解决问题的办法有什么相同之处？

生1：它们都是把原来不规则的图形变成规则图形。

生2：它们都把不规则的图形转化成了长方形。

教师小结：这里的"变"数学上称为转化。可见解决问题需要找到合适的策略，今天我们重点研究图形中的转化策略。

4. 发现方法

教师引导学生再来观察，这两个图形在转化时有什么不同之处？

学生回答：图（1）用到了平移，图（2）用到了旋转，图（2）还用到了翻转。

（板书：平移、旋转、翻转）

接着让学生观察：比一比转化前后的两个图形，什么变了？什么没变？

生1：形状变了，面积没变。

生2：周长变了，面积没变。

教师小结：可见转化时要找到"变"中的"不变"。

【评析】教师安排了两个层次的学习活动，让学生充分体会转化策略的应用过程。第一层次：放手让学生自主探索解决问题的方法，并在此过程中感受一般思考方法的局限性，进而产生相关的困惑。因为转化的出发点就是因复杂或未知而产生的困惑，这也就成了寻求更为合理的解决问题策略的开始。第二层次：基于学生的困惑，启发他们"认真观察图形的特点，想一想可以怎样转化"，并鼓励他们动手试一试，进而引导学生通过平移、旋转等方法，将复杂图形转化成简单图形，体会转化策略的应用过程和实际价值。

（三）回顾整理，在反思中提升转化策略

1. 回顾中体会

在以前的学习中我们曾多次用到转化策略。例如，我们已经学过这些平面图形的面积计算公式，按学习的前后顺序排列（图2-3）。

图2-3　已学习过的图形

回顾这些图形的面积计算公式的推导过程，用简洁的语言叙述。

（1）平行四边形转化成长方形推导出面积计算公式。

（2）三角形转化成平行四边形推导出面积计算公式。

（3）梯形转化成平行四边形推导出面积计算公式。

（4）圆转化成长方形推导出面积计算公式。

引导学生思考：观察学习的方向和转化的方向，你有什么发现？

教师小结：人们遇到未知问题时常用的思考方向是把未知的、待解决的问题转化成已解决的问题，即未知转化成已知（板书：未知→已知）。

2. 整理中体会

除了图形中的转化，运用转化策略还解决过哪些问题？

引导学生回顾：异分母分数转化成同分母分数来计算；小数乘法转化成整数乘法。

【评析】引导学生回顾解决问题的过程，说说自己的体会，启发他们自主归纳出解决这一问题的关键，即要将原来的复杂图形转化成为比较简单的图形。对以前运用转化策略解决问题的回顾，一方面可以使学生基于更多的案例进一步丰富对策略运用过程和特点的认识，另一方面也能使他们感受到策略应用的广泛性，从而加深对策略价值的体验。

3.练习应用

（1）教材第106页练一练（图2-4）。

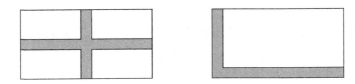

图2-4　教材中第106页练习题

启发：观察这两个图形的特点？想一想用什么方法解答？

（2）用分数表示各图的涂色部分（图2-5），练习十六第2题。

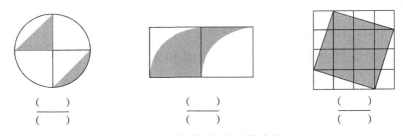

图2-5　用分数表示各图中的涂色部分

4.看书质疑，布置作业

（四）实践延伸，在生活中运用转化策略

1.故事解析

转化并不是现代人的发明，古人也有运用转化的策略解决问题的经典事例。例如：司马光砸缸、爱迪生巧测灯泡容积、曹冲称象等。

2.反思总结

今天学习了什么知识？你最大的收获是什么？

板书设计

解决问题的策略

总 评

波利亚说过：学习任何知识的最佳途径是由学生自己去发现，因为这种发现理解得最深，也最容易掌握其中的内在规律、性质和联系。本节课的教学具有以下几个特点：

（1）通过对比和回顾，引导学生感受转化的策略意义，体会应用这一策略解决问题的基本过程和特点。对比是认识策略、感受策略价值的重要方法。本节课先让学生基于已有经验尝试解决提出的问题，再引导他们应用转化策略寻求更为简便的解法。在这一过程中，学生起初探索时所产生的困惑及应用较为烦琐的解题方法的感觉就与应用转化策略后的简便解法之间形成了鲜明的对比。这种对比一方面能使学生感受到应用转化策略解决问题的好处，另一方面也能使他们在不同解题思路的对比中，深入体会应用转化策略解决问题的基本过程和特点。

（2）提供合适的探索空间，引导学生逐步积累针对具体问题的转化经验。要成功实现转化，面对不同的问题时，其具体实现方法各不相同，但关键都在于能否准确判断向何处转化及怎样实现这一转化。考虑到学生的思维发展水平，课堂中为他们成功运用转化策略提供了合适的探索空间。例如，例1

在让学生初步交流自己的想法后，提示他们先认真观察图形特点，再想想可以怎样转化，在例题后面的"练一练"中，通过图形或文字给学生适当的启发，帮助他们探索转化的路径和方法。正是这些恰到好处的启发，一方面能使学生通过自主探索实现转化，从而加深对转化的认识；另一方面也能让他们亲历针对不同问题的具体转化过程，从而为自觉而有效地应用转化策略奠定基础。

（3）选择典型且富有变化的实际问题，让学生逐步加深对转化的认识，提高用转化策略解决问题的能力。对于这类问题，一方面，其转化前的复杂、烦琐与转化后的简单、便利能形成鲜明的对比，这种对比有助于学生认识转化策略的意义；另一方面，这类问题本身也蕴含着丰富的变化，针对具体问题，在实施转化时所运用的具体方法乃至技巧也各有特色。

综观全课，教师引领学生积极探索，大胆尝试，让他们成为操作者和创造者，通过猜测、验证、比较、归纳、反思等活动，引导学生理解并掌握"转化"策略，完成知识的自主建构，在反思比较中感受转化策略的"变"与"不变"。

第四节 "间隔排列"教学实录与评析

教材分析

本节课的教学在引导学生在一系列的活动中，探索出间隔排列现象中两种物体个数之间的关系及其中蕴含的简单规律，使学生在发现规律的过程中，感受数学与生活的联系，培养用数学眼光观察周围实物，从数学角度分析生活现象的初步意识和能力，获得并积累活动经验。所以在教学过程中要注意凸显"探索"这一条主线，使学生在探索活动中体会观察、比较、归纳是寻找和发现规律的基本方法，培养学生学习探究能力及渗透数学思想。

教学内容

苏教版《数学》三年级上册第 78~79 页。

教学目标

（1）使学生在看一看、数一数、摆一摆、说一说等活动中找出相关的两种事物之间的规律，经历探究间隔排列的两种物体个数关系，以及类似现象中简单数学规律的过程，初步学会"联系发现"的规律及解决一些简单的实际问题。

（2）使学生在探索活动中体会观察、比较、归纳是寻找和发现规律的基本方法，初步发展分析、比较、综合和归纳等思维能力。

（3）使学生在学习过程中感受数学与生活的联系，培养用数学观点分析生活现象的初步意识及能力；产生对数学的好奇心，逐步形成与人合作的意识和学习的自信心。

教学重点

通过观察、推理等方法发现间隔排列现象中的简单规律，并运用规律解决问题。

教学难点

经历间隔排列现象中简单规律的探索过程，初步理解规律产生的原理。

教具准备

课件、正方形和圆形纸片若干。

教学过程

（一）创设情境，接触规律

1. 情境导入

师：今天老师给同学们带来了一些礼物，想知道是什么吗？

出示第一个是小熊，第二个是小兔，第三个是小熊，第四个是小兔……你知道下面一个是什么吗？（学生回答，教师接着出示）那下面一个呢？你是怎么猜出来的？

2. 观察发现

师：小兔和小熊来到了花园。你看到哪些物体的排列也是有规律的？

生1：一个中国结，一个灯笼，一个中国结，一个灯笼……

生2：一棵树，一盆花，一棵树，一盆花……

3. 比较揭示

师：观察它们的排列，有什么共同的特点？

生：都是两种物体，都是一个隔一个出现。

师：象这样两种物体一个间隔着一个排列，你在身边还发现了哪些？

生1：我们的课桌椅，一张桌子，一张椅子，是一个隔一个。

生2：路边的共享单车和旁边的柱子是一个隔一个……

师：同学们有一双善于发现的眼睛，两种物体一个隔着一个排列，叫间隔排列。

师：同学们，你们觉得间隔排列怎么样？

生：很漂亮，很整齐。

师：是的，我的想法和你们一样，间隔排列有一种特别的美。下面让我们跟随小兔子，一起来到兔子乐园感受一下吧。

【评析】创设与学生息息相关的生活情境，结合学生的生活经验和已有认知，让学生初步感受间隔排列的规律。

（二）自主探究，体验规律

1.观察主题图，初步感知

师：在这里，你们能找出间隔排列的两种物体吗？

生1：小兔和蘑菇。

生2：夹子和手帕。

生3：木桩和篱笆。

师：同学们看得真仔细，在花园里，我们发现了小兔和蘑菇——间隔排列，夹子和手帕——间隔排列，我们还发现了木桩和篱笆也是——间隔排列的。（教师相继板书：小兔、蘑菇；夹子、手帕；木桩、篱笆）它们属于哪种间隔排列？既然排列在两端的物体是相同的，那干脆就把排在两端的物体称为"两端物体"，中间的另外一种物体，叫做中间物体，可以吗？

生：可以。

师：这三组排列，两端物体和中间物体各是什么？我们一起来说一说。请同桌合作完成下面的表格（表2-2）。

表2-2　三组物体排列

分组	两端物体	个数	中间物体	个数
第一组	夹子		手帕	
第二组	小兔		蘑菇	
第三组	木桩		篱笆	

2.寻找两种物体之间的排列规律

师：仔细观察黑板上两种物体的个数，看看有什么新的发现？把自己的想法和小组里的同学说一说。

预设：兔子个数比蘑菇多1（还可以怎么说？），木桩根数比篱笆多1（还可以怎么说？），夹子个数比手帕多1（还可以怎么说？）。

师：通过刚才的观察，我们发现：两端物体相同的间隔排列，两端物体的数量比中间间隔物体的数量多 1 个。反过来还可以怎么说?

生:中间的物体数量比两端物体的数量少 1 个。

师:为什么两端物体的数量和中间物体的数量相差 1 呢?用我们以前学过的方法,你有办法证明吗?先圈一圈,再说一说。把我们得到验证的规律再说一说吧!

生:两端物体的个数 = 中间物体个数 +1。

【评析】在探究新知时,教师注重引导学生经历知识的生成过程,让学生经历由观察现象、探索规律到发现规律的过程。先通过对情境图的观察了解间隔排列这一现象,初步感知间隔排列现象中的规律,然后通过观察、填表、比较、归纳等活动,探索间隔排列的两种物体数量之间的关系,发现规律,最后通过分享交流、师生互动、生生互动产生思维的碰撞,感受获得成功的快乐,从而相互学习、相互促进、共同成长。

(三)解决问题,拓展规律

1. 解决问题

师:通过刚才的学习,老师发现你们不但拥有聪明的大脑,还有着一双善于发现的眼睛,学知识更要用知识,你们敢带着今天学到的知识迎接老师的挑战吗?

(1)20 只小兔站成一排,每 2 只小兔中间有 1 个蘑菇,一共有多少个蘑菇?

(2)把 20 块手帕像上面那样夹在绳子上,一共需要多少个夹子?

2. 拓展规律

(1)小组合作:把正方形和圆形一个隔一个排成一行,正方形有 10 个,你会怎么摆?最多可以摆几个圆形?最少呢?

(2)出示首尾相连的一串正方形和圆形。首尾相连,看不到两端,这该怎么办呢?

生:两端不同,数量相等,其实就是两端相同的一种。

（四）课堂总结，升华规律

其实有规律的现象可以说无处不在，只要我们善于观察，就一定能发现更多的规律，并且能应用这些规律解决生活中的一些问题。老师希望你们能成为生活中的有心人。

【评析】规律教学到最后必定要让学生能够联系生活实际，借助所学"用"规律，感受规律的价值。进阶式、有层次的练习设计对学生思维的要求逐步提升。学生在不同的生活情境中充分运用所学知识解决实际问题，练习的积极性高涨，也使整个教学显得更加连贯、流畅。

（五）课外实践，应用规律

课后，请同学们运用今天所学到的本领设计一个间隔排列的美丽图案。可以独立设计，也可以和家长、同学合作设计，老师期待着你们精彩的表现。

总　评

数学学习的过程实则就是认识规律的过程。本节课以培育学生的"四基""四能"为根本，围绕"间隔排列的两种物体之间存在什么规律"的核心问题展开探究活动。教学中安排了五个层次的学习活动，让学生经历由观察现象、探索规律到发现规律，以及逐步加深认识的过程。

第一层次：通过对情境图的观察，了解间隔排列这一现象，先呈现一个有趣的童话情境，情境中小兔和蘑菇、木桩和篱笆、夹子和手帕分别间隔排列。让学生说说情境图中小兔与蘑菇排列的特点，再依次说说木桩与篱笆、夹子与手帕排列的特点，引导他们在比较中认识到上述物体在排列方式上的共同之处，初步感知间隔排列现象中的规律。

第二层次：通过观察、填表、比较、归纳等活动，探索间隔排列的两种物体数量之间的关系，初步发现规律。在对场景图中每组物体的排列方式进行初步的观察和比较之后，教师进一步要求学生把每组物体的个数填在相应的表格中。这样，不仅把学生对每组物体排列方式的关注引向对每组物体数量关系的分析，从而为发现规律奠定基础，而且能使他们在填表及相应的比较活动中，初步发现上述三组物体在数量关系上的共同特点。

第三层次：在初步发现间隔排列的两类物体数量关系的基础上，引导学生进一步探讨其中的原因，从而明确规律。首先提出"为什么每排两种物体的数量都相差1"这一问题，激发学生的思考，并引导他们就此展开讨论。讨论既是为了引导学生对每组物体的排列方式做更为细致的分析，更是为了启发他们在排列方式与相应的数量关系之间建立适当的联系，从而使规律的数学内涵得到进一步彰显。基于这样的考虑，在学生自由讨论之后，紧接着要求他们将间隔排列中的两种物体一一对应圈一圈，并结合操作说一说为什么每排两种物体的数量都相差1，引导学生理解规律的本质。

第四层次：让学生在相同和不同的问题情境中进一步完善对规律的认识。教材沿用此前的情境，只是将其中间隔排列的物体数量稍做改变，提出两个问题；接着让学生在操作中自主探索一个开放性的问题。解答这些问题，有利于学生从不同角度进一步认识规律、加深体验。

第五层次：让学生回顾探索和发现规律的过程，说一说自己的体会，帮助学生进一步明确间隔排列现象中的数量关系及相应的规律，感受探索和发现规律过程中的基本数学思想和方法。

整节课通过驱动式问题、探究式活动、变式性练习让学生对规律的认识由表象走向本质，由浅层走向深刻，学生在充分探究发现的过程中体验数学学习的快乐，把握数学本质，发展数学思维，提升数学素养。

第五节　"三角形的内角和"教学实录与评析

教材分析

"三角形内角和"是在学生认识了三角形，学会了三角形分类的基础上对三角形特性的进一步研究。并且学生已经会用量角器量角，熟悉三角尺上每个角的度数。教材的核心内容是让学生理解和探索"三角形内角和是 180°"这个重要定理，核心思想是分类和转化。此内容教学，有助于学生进一步认识三角形特性，也是学生进一步探索多边形内角和的重要基础。

教学内容

苏教版《数学》第 78~79 页例 4 和"练一练"完成练习十二的第 9~13 题。

教学目标

（1）使学生通过观察、操作、比较、归纳等活动，发现"三角形的内角和等于 180°"，并能应用这一知识解决一些简单的问题。

（2）使学生经历探索和发现三角形内角和等于 180° 的过程，进一步增强自主探索的意识。

（3）使学生在猜想、操作验证、合作交流等具体活动中，感受探索数学规律的乐趣，积累类比、归纳等活动经验，发展空间观念。

教学重点

理解三角形的内角和是 180°。

教学难点

使学生体验探索三角形内角和的不同方法，感知数学的思想——转化。

教具准备

课件、三角板、三角形等。

教学过程

（一）激趣导入

1. 播放动画视频：猜角的度数

生1：60°。

生2：90°。

师：这里面藏着什么样的秘密武器呢？今天这节课我们就一起来研究三角形的内角和。

师：看到课题你们想提出哪些问题？

生1：什么是内角？

生2：什么是三角形的内角和？

生3：三角形的内角和是多少？

【评析】创设学生感兴趣的情境，激活相关的知识经验，引导学生主动发现和提出问题。这一过程不仅激发了学生探索新知的好奇心，也明确了要探索的问题。

（二）探索新知

1. 初步探究，提出猜想

师：什么是三角形的内角？（教师出示三角形后提问学生）

生：三角形内部的角。

师：三角形的内角有几个？

生：三个。

师：那么什么是三角形的内角和？

生：三个内角的和就是三角形的内角和。

师：那我们从特殊的三角形开始研究。同学们看这是一副三角尺（图2-6），你能口算每个三角尺上三个内角的和是多少度吗？

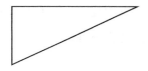 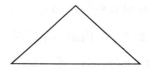

图 2-6 一副三角尺

生 1：90° + 60° + 30° = 180°。

生 2：90° + 45° + 45° = 180°。

师：通过计算内角和发现两个三角形形状和大小不一样，内角和却是一样的，提出猜想：是不是任意三角形的内角和都是 180°？

2. 动手操作、验证猜想

（1）测量、计算三角形的内角和。

完成活动一：

填写表 2-3 展示几个小组的测量结果，找同学说一说有什么发现？

表 2-3 测量并计算

三角形	角 1	角 2	角 3	三个内角的和
1.				
2.				
3.				

生1：我们小组测量第一个三角形，它的三个内角和是179°。

生2：我们小组测量第二个三角形，它的三个内角和是180°。

生3：我们小组测量第三个三角形，它的三个内角和是181°。

师：大部分同学测量的三角形内角和都是180°，也有少部分同学测量的接近180°，这是为什么？

生：测量时有误差。

师：我们借助计算机帮助我们更精确地测量（引出几何画板）。

师：几何画板展示随着三角形的形状和大小发生变化，三角形的内角也会随之发生改变，但内角和始终是180°，初步验证猜想正确。

（2）拼一拼、看一看，感受转化思想。

完成活动二：

师：同学们想一想，什么角是180°？

生：平角。

师：那你们能不能想办法把三个内角拼在一起，看看能不能拼成一个平角呢？小组合作完成。

找同学到讲台演示，介绍撕拼、折拼两种不同的方法。

①交流撕拼的方法时，着重强调拼角时要把三个内角的顶点拼在同一个点上，并使三个角既无重叠又不留缝隙地拼在一起，再看是不是正好得到一个平角（图2-7）。

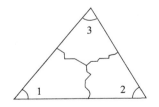

图2-7　撕拼

②交流折拼的方法时，着重强调先找到顶角所对的底边上的高，然后将三个角都翻折过来，使三个顶点与高的垂足重合，再看是不是正好得到一个平角（图 2-8）。

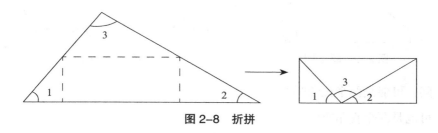

图 2-8　折拼

教师小结：这两种方法都是把三个内角转化成了平角。平角是 180°，所以三个内角的和就是 180°。

（3）介绍帕斯卡，感受演绎推理的魅力。

教师边讲解边演示，介绍帕斯卡推理出三角形的内角和是 180° 的方法，从而推导出所有三角形的内角和都是 180°，整堂课归纳推理和演绎推理相结合，让学生感受演绎推理的魅力。

【评析】这样设计，重点突出，层次清楚，有利于学生切实经历由特殊到一般的认知过程，在获得知识的同时，积累探索数学规律的经验，切实感悟归纳的思想方法，发展数学思维。

（三）练习巩固

（1）计算未知角的度数。

三角形中（图 2-9），∠1=75°，∠2=40°，∠3=（　　）°。

读题，学生独立完成，找学生回答。

（2）下面的三角形被一张纸遮住了一部分（图 2-10）。从露出的这个内角，你知道遮住的两个角是什么角吗？

找学生读题，同桌之间相互讨论。点名回答。

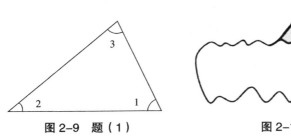
图 2-9 题（1）

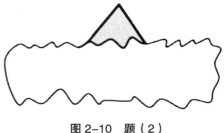
图 2-10 题（2）

问：可能是两个钝角吗？

可能是两个直角吗？

可能是一个钝角和一个直角吗？为什么？

结论：在一个三角形当中，最多有一个钝角或一个直角，至少有两个锐角。

【评析】练习的设计，避免了机械的计算操练，突出对重点内容的巩固和理解。对于求三角形中未知角度数的问题，充分放手让学生独立思考解决，继而组织学生计算、评议，有利于学生巩固对三角形内角和等于 180° 的认识，感受所发现规律的应用价值，提升学习能力。

（四）课堂总结

通过今天这节课的学习，你有什么收获？

（五）作业设计

感兴趣的同学课下继续探究四边形、五边形、六边形的内角和是多少度。

【评析】教师通过回顾整理与反思总结，帮助学生积累数学思考和解决问题的经验，促使学生学会迁移已有的经验，研究新的问题。

板书设计

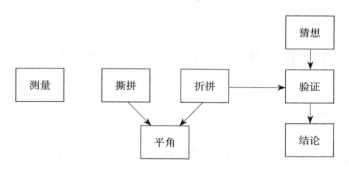

三角形的内角和等于180°

总 评

1.关注知识联系，让教学精准启航

新课程标准指出，要关注学生已有知识基础和学习经验，从而达到教学事半功倍的效果。本节课探究三角形的内角和是多少度，学生已经有的知识基础能够成为学生新知识的生长点。基于这个思考，笔者发现学生对直角三角尺的各个内角大小最熟悉，能够快速算出两把三角尺的内角和是180°。把特殊直角三角尺作为本节课探究学习的关键点能够很好地找到新旧知识的联系，学生们自然而然有了猜想：是不是任何三角形内角和都是180°呢？同时能够借助直角三角尺内角和的计算，对算出内角和的方法进行探究。像这样关注知识之间的联系，让教学精准启航，省时高效。

2.注重活动设计，引领学生深度学习

听到的、看到的知识停留在记忆的浅层，随着时间推移容易忘记；而动手操作探究学习，能够有效带领学生们经历知识的形成过程，引领深度学习，走向核心素养。本节课在关注学生知识基础和对教材分析的思考下先设计小组合作量一量、算一算的探究活动，初步发现三角形内角和大约是180°。然后引领学生开展撕一撕拼成平角的实验，验证三角形内角和是180°。最后借数学文化延伸帕斯卡演算推理活动的介绍，深刻认识三角形内角和的性质。学生的思考由单一到全面，由一般到特殊，由初步了解结论到学会推理验证，实现了深度学习。

第六节 "倒数的认识"教学实录与评析

教材分析

倒数是一个与分数乘法相关的概念，认识倒数是学习分数除法的直接基础。为了使学生对倒数意义的理解更加深刻，首先通过有趣的情境和分数乘法的计算练习，让学生通过观察发现所有数的乘积都是"1"，从而引出倒数的概念，并初步感知两个数互为倒数的关系；然后再让学生自主探究出一个数的倒数的求法，并进一步探究出"0"没有倒数，使学生对倒数的认识更为全面。在整个教学活动中，始终让学生通过计算、观察、思考、探索、交流、猜测、发现、归纳倒数知识，培养学生自主学习和合作交流的能力。

教学内容

苏教版《数学》六年级上册第36页例7及练一练。

教学目标

（1）通过学习，使学生知道倒数的概念，掌握求倒数的方法；使学生知道"0"没有倒数，"1"的倒数还是"1"。

（2）学生根据自己的理解，发现求倒数的方法，知道不仅可以用除法求一个数的倒数，还可以用调换分子和分母位置的方法求一个数的倒数，还要学会求带分数、小数、整数的倒数。

（3）在知识获取过程中，培养学生观察、归纳、推理和概括的能力，提高学生学好数学的信心。

教学重点

理解倒数的意义，学会求倒数的方法。

教学难点

熟练掌握求分数、小数、带分数、整数的倒数，发现倒数的一些特征。

教具准备

多媒体课件、答题卡。

教学过程

（一）创设情境

师：同学们，这节课我们先来玩个猜字游戏。"杏"——"呆"，这两个字有什么特征。

生：上半部分和下半部分交换位置。

师：这两个字都是上下结构，上下交换了位置。请同学们根据这个规律填字。

吴——（　　）　　昱——（　　）　　$\dfrac{4}{5}$——（　　）　　$\dfrac{3}{2}$——（　　）

师：后面这两组分数在数学上互为倒数，这节课我们就共同来研究有关倒数的知识。

【评析】师生在课前的互动游戏，把知识关联起来，深刻体会数学知识的应用价值，激发了学生的学习兴趣，引发了学生学习的探究愿望，为后续的探究埋下伏笔。

（二）新知探究

1. 探究讨论，理解倒数的意义

师：根据你的理解，请同学们猜测一下，什么样的两个数是倒数？

生：这两个分数的分子、分母交换位置。

师：请同学们观察这几个分数，哪两个数的乘积是1。

$$\frac{3}{8} \quad \frac{5}{4} \quad \frac{3}{5} \quad \frac{7}{10} \quad \frac{4}{5} \quad \frac{2}{3} \quad \frac{10}{7} \quad \frac{8}{3}$$

开展小组活动：算一算，找一找，哪两个数的乘积是1？小组汇报交流。（教师板书三个乘法算式）

$$\frac{3}{8} \times \frac{8}{3} = 1 \qquad \frac{5}{4} \times \frac{4}{5} = 1 \qquad \frac{7}{10} \times \frac{10}{7} = 1$$

师：这三个算式有什么共同点？

生：乘积都是1。

师：像这样乘积是1的两个数互为倒数。

师：你们认为在这个概念中的关键词是什么？

生1：互为。

生2：乘积是1的两个数。

师：同学们说得很好，倒数是有颠倒的意思，但更重要的是乘积是1的两个数互为倒数。

2. 学以致用

判断：

（1）因为 $\frac{3}{4} \times \frac{4}{3} = 1$，所以 $\frac{4}{3}$ 是倒数。（×）

（2）因为 $\frac{3}{5} \times \frac{2}{3} \times \frac{5}{2} = 1$，所以 $\frac{3}{5}$、$\frac{2}{3}$、$\frac{5}{2}$ 互为倒数。（×）

（3）乘积是1的两个数互为倒数。（√）

（4）$\frac{1}{5} + \frac{4}{5} = 1$，所以 $\frac{1}{5}$ 和 $\frac{4}{5}$ 互为倒数。（×）

3.尝试从下列数中找出 $\frac{3}{5}$ 和 $\frac{2}{3}$ 的倒数

$\frac{3}{8}$ $\frac{5}{4}$ $\frac{5}{3}$ $\frac{7}{10}$ $\frac{4}{5}$ $\frac{3}{2}$ $\frac{10}{7}$ $\frac{8}{3}$

【评析】学生从猜想、分析、推理、实践等方面展开学习活动，通过交流互动、补充质疑等方式探索倒数的本质属性，突出倒数表示的是两个数之间的关系，积累数学活动经验，感悟数学思想方法，提高学生应用所学知识解决实际问题的能力。

4.应用提升，求带分数、小数、整数倒数的方法

（1）学生讨论：$2\frac{2}{3}$ 的倒数究竟是 $2\frac{3}{2}$ 还是 $\frac{3}{8}$ 呢，原因是什么？怎样求它的倒数？

（2）求小数的倒数：把小数转化成分数，再交换分子、分母的位置，也可以用1除以这个数来求倒数。

（3）整数的倒数求法：把整数写成分母为1的假分数，再交换分子、分母的位置，也可以用1除以这个数来求倒数。

（4）讨论1和0的倒数。1的倒数是1，0没有倒数。

【评析】通过形式多样、富有层次性的设计，一方面巩固学生对求倒数方法的掌握，另一方面又让学生通过旧知构建新知，学会求带分数、小数、整数倒数的方法，并讨论1和0的倒数，从而进一步拓展学生的知识体系。

（三）应用延伸

出示小马虎的《数学日记》，让学生进行评价。

"今天，我认识了倒数。我知道了乘积是1的两个数叫做倒数，比如 $\frac{6}{7} \times \frac{7}{6} = 1$，那么 $\frac{6}{7}$ 是倒数，$\frac{7}{6}$ 也是倒数。我还学会了求一个数的倒数，只要把分数的分子和分母交换位置就可以了。任何真分数的倒数都是假分数，任何假分数的倒数都是真分数。整数和小数是没有倒数的，瞧！我学得不错吧？"

【评析】综合练习发展了学生综合运用所学知识解决问题的能力，培养了学生的应用意识。通过评价《数学日记》的方法让学生对本节课的知识进行梳理和总结，让学生对所学知识有一个完整的认知，促使学生深度思考，体会数学与实际生活的关系。

（四）知识链接

古代倒数表：古巴比伦泥板上记载了许多计算方法，还编制了各种数表来帮助计算。公元前两千多年前，他们就用过"倒数表"来做除法。

【评析】通过知识链接总结出倒数的作用，既激发了学生探索知识的兴趣，又拓展了学生学习的深度和广度。

总 评

本节课的教学具有以下几个特点：

1.感悟数学本质，发展核心素养

本节课注重知识的探索过程，教师先呈现一组分数，让学生从中找出乘积是1的两个分数。由于学生刚刚学习了分数乘法，且这一活动具有较强的趣味性，因此，学生对这样的问题不仅不会感到困难，还会积极地投入到相应的活动中。这样的活动过程，既可以使学生感知倒数的意义，又可以为学习求一个数的倒数的方法做好准备。提高学生分析、比较、抽象、概括、归纳等能力，从而感悟数学本质，发展核心素养。

2.突出主体地位，培养科学精神

有效的教学是学生的学和教师的教的统一，学生是学习的主体，教师是学习的组织者、引导者与合作者。本节课的教学一方面恰当发挥教师的主导作用，注意激发学生的学习兴趣，引导学生自主探索，有效提高了教学效果；另一方面突出学生的主体地位，引导学生通过观察、猜测、推理、验证等方法独立思考、合作交流、自主探索，鼓励学生发现并提出问题，让学生在经历倒数知识的探索过程中了解知识背后的数学本质，提高自主探索的有效性，培养了质疑问难、勇于探索的科学精神。

第七节　"三位数乘两位数"教学实录与评析

教材分析

"三位数乘两位数"是小学阶段整数乘法知识的最后一个板块，是学生在认识、理解和掌握三位数乘一位数和两位数乘两位数的基础上进行教学的。"三位数乘两位数"的核心目标是理解算理、掌握算法，理解算理与算法的一致性，培养学生的高阶思维。学习这部分内容，可以使学生比较系统地掌握整数乘法的计算方法，为以后进一步学习小数乘法打好基础。

教学内容

苏教版《数学》四年级下册第 27 页例 1 和相关练习。

教学目标

（1）使学生经历探索"三位数乘两位数"笔算方法的过程，理解"三位数乘两位数"的算理，掌握"三位数乘两位数"的笔算方法，能正确进行计算。

（2）使学生在探索计算方法的过程中体会新旧知识间的内在联系，培养初步的分析、概括、归纳、类比等思维能力。

（3）使学生在参与学习活动的过程中，获得学习成功的体验，产生对学习内容的兴趣，培养良好的计算习惯。

教学重点

"三位数乘两位数"的计算方法。

教学难点

体会算法与算理的一致性。

教具准备

课件。

教学过程

（一）复习回顾、引入新知

1. 复习引入

师：同学们，你们能从 112、23、12 和 6 这 4 个数中任选 2 个，组成不同的乘法算式吗？

生：112×6、23×6、12×6、23×12、112×23、112×12。

师：比较一下这 6 道算式，有什么相同的地方？哪些是你会计算的？

生：112×6、23×6、12×6、23×12 这几道乘法算式都是我们已经学过的。

师：请同学们用竖式算一算 23×12。

（点名汇报，重点讨论）

师：23 乘十位上的 1，得数的末位为什么要写在十位上？

生：十位上的 1 表示 1 个十，1 个十乘 3 得 3 个十，所以 3 要写在十位上。

【评析】适当复习旧知，以唤醒学生已有的知识和经验，为下一环节自主迁移、探索"三位数乘两位数"的笔算方法提供支撑。

2. 揭示课题

师：我们来看这两道算式 112×12 和 23×12，有什么不同？

生：112×12 是三位数乘两位数，23×12 是两位数乘两位数。

师：三位数乘两位数该如何计算？它的计算方法和两位数乘两位数有什么联系？这节课我们就一起来研究三位数乘两位数的笔算。

（二）自主探究、精通算理

1. 尝试计算，明晰算理

师：112×12 的得数是多少呢？你们能试着用竖式算出得数吗？自己在下面试一试，如果有困难，可以和小组里的同学一起研究。

（点名板演，并让板演的学生说一说自己的计算过程）

根据板书引导学生观察：三位数乘两位数和我们以前学习的两位数乘两位数在算法上有什么相同的地方呢？

生：都是把乘数 12 分成 10 和 2 分别和第一个乘数相乘，然后把两次乘得的积合起来。

师：三位数乘两位数，我们把新知识通过"分"，转化成学过的旧知识（三位数乘整十数和三位数乘一位数），再把结果"合"起在一起。这就是转化思想，在以后的教学中还会经常用到。

【评析】学生在体验"三位数乘两位数"的算法时，通过知识迁移，发现和"两位数乘两位数"的算理相同，从而明确先分再合可以把三位数乘两位数转化成三位数乘整十数和三位数乘一位数，深刻感悟转化思想。

2. 结合情境，理解本质

月星小区有 16 幢楼，平均每幢楼住 128 户。月星小区一共住了多少户？

$$128 \times 16 = \underline{\quad\quad}（\quad\quad\quad\quad）$$

（点名读题，理解题意，学生独立计算，点名板演）

师：先用乘数 16 个位上的 6 乘 128，得出 768 表示的是几幢楼的住户？

生：768 表示 6 幢楼的住户。

师：十位上的 1 和 128 相乘，得多少？

生：1280。

师：为什么？

生：因为十位上的 1 表示 10，10×128 就是 1280。

师：1280 表示什么意思？

生：表示 10 幢楼的住户。

师：两次乘得的数相加得出 2048，表示的是多少幢楼的住户？

生：16 幢楼的住户。

根据学生口述，在横式后面写出每步表示的意义。

$$
\begin{array}{r}
168 \\
\times 16 \\
\hline
768 \\
128 \\
\hline
2048
\end{array}
$$ ……（6）幢楼有（768）户
……（10）幢楼有（1280）户
……（16）幢楼有（2048）户

小组讨论：怎样计算三位数乘两位数呢？计算时要注意什么？

总结算法：三位数乘两位数的乘法，要先用两位数个位上的数和三位数相乘，乘得的数的末位和个位对齐；再用两位数十位上的数和三位数相乘，乘得的数的末位和十位对齐；最后把两次乘得的数加起来。

【评析】结合现实的问题情境，以对话的方式引导学生理解计算过程中每一步表示的意思，能更好地帮助学生理解算理，感知"三位数乘两位数"的计算方法，引导学生关注整数乘法的内在本质，让学生感悟算法算理的一致性。

3.及时反馈，加深理解

下面的计算对吗？把不对的改正。

$$
\begin{array}{r}
121 \\
\times 13 \\
\hline
363 \\
121 \\
\hline
484
\end{array}
\qquad
\begin{array}{r}
604 \\
\times 26 \\
\hline
3624 \\
128 \\
\hline
4904
\end{array}
$$

结合错例，共同分析问题出在哪里，怎样纠正？

计算三位数乘两位数时，一要注意用乘数哪一位上的数去乘，乘得的数的末位就要与那一位对齐；二要注意三位数中间有 0 时，不能漏乘。

重点引导学生交流第二个竖式的计算过程，说说计算时是怎样处理 604 中的"0"的。

【评析】在经历探索和总结"三位数乘两位数"笔算方法的基础上，引导学生通过计算和交流，再次体会"三位数乘两位数"的笔算方法，有利于学生进一步理解"三位数乘两位数"的算理，感受计算方法的普遍适用性。

（三）巩固内化、拓展延伸

1. 解决问题

让学生独立完成，并组织反馈，说说是怎样列竖式计算的。

2. 梳理总结

二年级开始学习表内乘法，三年级熟练地计算多位数乘一位数、两位数乘两位数，四年级学习三位数乘两位数是我们小学阶段学习整数乘法的最后一个单元。

【评析】运用所学计算解决实际问题能让学生进一步巩固计算方法，积累解决问题的经验，感受所学计算的应用价值，增强应用意识。用课件呈现整数乘法内容的前期相关知识，让学生体会到知识不是单一存在的，从而形成整体关联的学习思维，实现整体构建。

（四）渗透文化、归纳提升

（1）你们知道为什么吗？

课件出示，了解计算的发展历史。

（2）同学们，通过这节课的学习，你们有哪些收获呢？

大家的收获真不少！数学计算是非常严密的，也非常灵活，通过今天的学习我们理解了"三位数乘两位数"的计算方法，又能从算法和算理的角度对这种道理进行解释。到这单元结束之后，我们对于整数乘法的学习就结束了。

总　评

这节课是在学生掌握"两位数乘两位数"的笔算基础上进行教学的，教学中"两位数乘两位数"的算理和算法都可以直接迁移到"三位数乘两位数"的笔算中来，因此，学生对算理和算法的理解和探索并不会感到困难。本节课的教学具体体现了以下几个特点。

（1）教学过程中成功把握住了知识的前后联系，温故导入，促进学习迁移。从学生已有知识经验出发，给学生创设了思考与交流的空间。教师在教学中少言、精问，放手让学生独立思考、小组交流，鼓励学生用数学语言表达，培养了学生的基本素养。

（2）聚焦"学理"，尊重学生的认知。在教学中充分发挥学生的主体作用，重视学生的已有经验，使每位学生都能思考、交流、想象、转化、说理，尽可能地参与到教学活动的每个环节中，做到学以致用。建构知识网络是学生在理解层面上的一个难点，也是一次质的飞跃。教师引导学生通过学习任务，以点带面，以线带面，将知识之间的内在联系自主建构知识网络，促进深度理解。

（3）注重"教—学—评"一致性。展示学生常见错误作业，让学生找错误并纠正。针对容易出错的地方，请学生来互相提醒。从而培养了学生分析问题的能力，纠正了学生错误，加深正确做题的印象。改错练习有利于学生明确"三位数乘两位数"笔算过程中需要注意的问题，进一步掌握"三位数乘两位数"的笔算方法，运用所学计算解决实际问题，能让学生进一步巩固计算方法，积累解决问题的经验，感受所学计算的应用价值，增强应用意识。

第八节　"从问题出发解决实际问题"教学实录与评析

教材分析

本节课主要帮助学生联系已有的解决实际问题的经验，体验并初步掌握从问题出发思考的策略。本节课引导学生从已经掌握的数量关系出发，体会并掌握如何从问题出发即可解决实际问题。使学生在对解决实际问题过程的不断反思中感受解决问题策略的价值，进一步发展分析比较和简单推理的能力。

教学内容

苏教版《数学》三年级下册第27~28页例1和"想想做做"习题。

教学目标

（1）学生在购物情境中，初步掌握从问题出发思考的策略，学会从问题出发分析和解决一些两步计算的实际问题。

（2）学生经历解决实际问题的过程，感受从问题出发是分析和解决实际问题的常用策略之一。

（3）学生增强解决问题的策略意识，获得解决问题的成功经验。

教学重点

从问题出发分析和解决一些两步计算的实际问题。

教学难点

根据问题分析数量关系。

教具准备

课件、作业纸。

教学过程

（一）趣味导入，呈现例题

盛夏时节，特别适合游山玩水，小明和爸爸要去商店购买踏青游玩的服装。仔细观察，从图2-11中你看到了哪些数学信息？要求的数学问题是什么？

图 2-11 运动商店的商品

小明和爸爸带 300 元去运动服饰商店购物。买一套运动服和一双运动鞋，最多剩下多少钱？

师：按照我们以前学过的从条件出发的策略来解决这个问题，大家觉得怎么样？

生：这道题的条件比较多，解决起来很困难。

师：那我们应该从哪里入手来解决这个问题呢？

【评析】课始，教师创设与实际生活紧密联系的情境，利用情境的交互作用推动学生学习，使学生产生情感共鸣、增加情感体验，从而引起强烈的求知欲望，唤醒学生的生活经验，让学生感受此类问题在生活中的实际应用。教师创设真实的情境呈现问题，能帮助学生在解决问题的过程中活化知识，变事实性知识为解决问题的工具。

（二）初用策略，探寻思路

师：同学们，这个问题要求的是哪部分的钱？

生：剩下的钱。

师：要求剩下的钱，用什么方法计算？

生：减法。

师：谁减谁呢？

生：剩下的钱 = 带来的钱 – 用去的钱。

师：在这道题中，用去的钱指的是什么？

生：买一套运动服和一双运动鞋的钱。

师：带来的钱题中直接告诉我们了吗？用去的钱呢？

生：带来的钱题中直接告诉我们了，用去的钱题中没有直接告诉我们。

师：我们来看问题"最多剩下多少钱？"你是怎样理解的？想一想，怎样做才能使剩下的钱最多呢？

生1：购买不同价格的运动服和运动鞋，剩下的钱是不同的。

生2：购买的商品价格最低，剩下的钱就最多。

师：是的，同学们的理解非常透彻，要使剩下的钱最多，我们就要购买价格最低的运动服和运动鞋。

师：你们能根据问题说出数量之间的关系，确定先算什么吗？

生1：先算一共用去多少元。

生2：求最多剩下多少元，可以先算购买价格最低的运动服和运动鞋一共要用多少元。

师：第二步再算什么呢？

生：剩下多少元？

【评析】先呈现例题中的实物图，引导学生通过看图观察并弄清这里的商品有几类，每类有几种，每种商品的价格各是多少，既与日常购物中先关注商品的种类和价格这一生活经验相符，也能为接下来准确理解问题提供支持。把理解题意的重点放在解释"最多剩下多少元"这句话的含义上，不仅有助于激活学生的生活经验，而且能使接下来从问题出发进行分析和思考显得自然顺畅。

（三）列式解答，引入课题

师：现在根据解题思路，你会列式计算吗？请同学们打开课本28页，在28页最上方试着做一做。谁愿意到黑板上演示？

师：请演板的这位同学解释一下，130+85=215（元）算出的是什么？为什么要用"130+85"来计算？

生：要使剩下的钱最多，用去的钱就要最少，所以我们选择最便宜的运动服和运动鞋。

师：300-215=85（元），这一步算出的又是什么？

生：剩下多少元。最多剩下85元。

师：这道题让我们懂得，当条件比较多时，我们可以从问题出发来思考。其实，从问题出发和从条件出发一样，都是解决问题的策略。

【评析】先让学生根据问题分析数量之间的关系，确定先算什么，再组织交流形成板书设计，借助板书有条理地表述分析过程。这样组织教学有利于学生在形成解题思路的同时，体会从问题出发分析和思考的过程。而设计的框图板书则能将上述解题思路与解题策略直观地呈现出来，从而便于学生进一步地表达和理解。

（四）类比应用，丰富体验

师：现在给同学们增加点难度，想一想，如果买3顶帽子，付出100元，最少找回多少元？请同学们独立完成。

师：24×3=72（元），24指的是什么？你为什么不选择16元的帽子呢？

生：要求最少找回多少元，先要算出最多用去多少元，所以选择最贵的帽子。

师：100-72=28（元），这算出的又是什么？

生：最少找回多少元。

（五）回顾总结

师：同学们，回顾这两个解决问题的过程，你有什么体会？

生1：可以从问题开始想起。

生2：分析题中的数量关系，确定先算什么。

师：解决这两个实际问题，我们都是先读题，找出条件和问题，在数学上叫理解题意；然后从问题出发，根据问题分析数量关系，确定先算什么，再算什么，最后列式解答，这就是"从问题出发—解决问题"的一般步骤。

【评析】让学生对类似问题的分析和思考过程进行比较，有利于他们进一步感受策略应用的特点，丰富策略应用的体验，同时伴随比较过程的主动反思，则不仅能使本节课所学习的策略进一步明确，而且也有助于培养学生主动运用策略解决问题的自觉性，让学生感受到策略应用的广泛性，从而加深对策略价值的体验。

（六）拓展应用，巩固策略

1. 看图填空

（1）李庄小学体育兴趣小组的人数统计如表2-4所示。你能把表格填写完整吗？

表2-4　体育兴趣小组人数统计表

一共	足球组	篮球组	田径组
81人		22人	35人

要求足球组的人数，要先算（　　　）？

（2）先根据问题选择合适的条件，再解答。

茶壶　　　　　茶杯　　　　　热水瓶

（20元）　　　（4元）　　　（35元）

① 1个茶壶和4个茶杯一共多少元？要先算（　　　）。

② 1个热水瓶比4个茶杯多多少元？必须先算（　　　）。

同学们，想一想解决这两个问题时有什么共同点？

2. 根据问题说出数量关系式和缺少什么条件

（1）桃树有52棵，梨树有3行。桃树比梨树多多少棵？

（2）学校买了18袋乒乓球和9个篮球。乒乓球的个数是篮球的几倍？

师：这道题的数量关系式谁来说一下？

生：桃树棵数 – 梨树棵数 = 桃树比梨树多的棵数

师：缺少的条件是什么？

生：梨树的棵数。

师：你补充的梨树每行20棵行吗？

生：不行。

师：为什么不行？

生：每行20棵，太多了。

师：对，如果梨树每行20棵，就与问题"桃树比梨树多"相矛盾了。所以我们在补充条件时，要根据实际情况确定数据的大小。

师：你能根据第二个问题说出数量关系式吗？

生：乒乓球的个数 ÷ 篮球的个数 = 乒乓球的个数是篮球的几倍。

师：补充的条件是什么？

生：每袋乒乓球有2个。

3. 计算并检查

你会计算吗？请写到练习本上，同桌互相检查。

一块正方形地面，共铺了169块地砖。其中四角和中央各铺9块花地砖，其余的是白地砖。铺了多少块白地砖？

（七）全课小结

同学们，这节课你都学到了哪些新知识？

（八）课外扩展

这节课，我们从问题出发高效地解决了数学问题。在生活中，这个策略也给我们带来了很多的帮助（图2-12）。

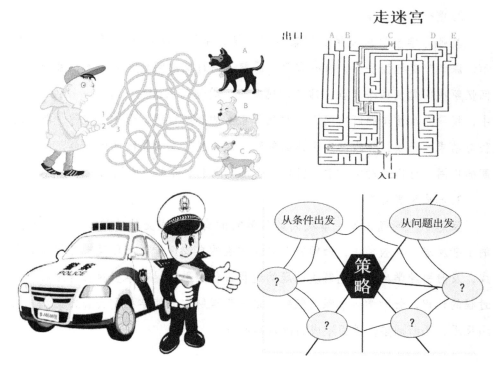

图 2-12　生活中的实例

【评析】为学生提供逆向思维的实际例子，引导学生举一反三，触类旁通，培养学生的创新意识和观察能力，鼓励学生将所学知识运用到生活中，学以致用，从而活化数学知识。

总　评

1.感悟数学价值

教师创设生活情境，引导学生尝试用数学的眼光观察现实世界，用数学的思维思考现实世界，让学生体会数学来源于生活。这样既充分考虑了学生的思维发展水平，又便于学生感悟解决问题的策略，让学生逐步学会用数学的眼光理解问题、分析问题、解决问题，从而帮助学生发展思维、优化策略。通过这样不断地丰富解题策略，学生也领略了参与之乐、思维之趣、成功之悦。

2. 重视思维过程

教师为学生提供充足的探索时间，始终坚持让学生先思考、操作，再展示，课堂节奏把控妥当，有缓有急。课前，通过实际问题趣味导入，带领学生回忆解决问题的四个步骤，即"读题分析、数量关系、列式解答、检验"。课中，指导学生按步骤解决问题，并展示学生的解题过程，由学生来评价解题过程与结果的正误，体现学生主体的原则。课堂展示了大量的实际问题，利用例题的作用，可运用对比教学，引导学生在对比中掌握解决问题的策略。

3. 养成反思习惯

反思"从问题出发—解决问题"策略的有效形成必然伴随着对自己行为的不断反思。在教学中，教师充分关注学生的自我评价与回顾反思等习惯的形成，及时引导学生对自己解决问题的过程进行反思，提高学生对自身形成策略过程的认识，帮助学生加深对策略的进一步理解，促使学生学会合作交流、回顾反思、不断调整，进而形成高阶认知能力。

第九节 "认识射线、直线和角"教学实录与评析

教材分析

这部分内容主要是认识射线、直线及在认识射线的基础上重新认识角。例1主要教学射线和直线的认识，例2教学角的认识，结合二年级已有的知识，本节课主要是从线到图形的变化，让学生的空间认知从一维进阶到二维。接着进一步介绍角的符号及写法和读法。本节课为以后的图形学习做了较为重要的铺垫。

教学内容

苏教版《数学》四年级上册第77~78页。

教学目标

（1）使学生经历画图、观察和交流等活动，认识射线、直线和角，能掌握和说明这些图形的特征；知道两点间的距离，并能量出两点间的距离；能用画射线的方法画角，知道表示角的符号和相应的记法、读法。

（2）使学生在观察、比较、画图和交流等活动中，理解线段、射线、直线之间的联系和区别，培养比较、抽象、概括等思维能力和画图、操作等技能，积累数学活动的基本经验，发展空间观念。

（3）使学生感受数学与生活的密切联系，积极参与学习活动并获得成功的体验。

教学重点

认识射线、直线和角的特征，知道线段、射线、直线之间的联系和区别。

教学难点

建立射线和角等空间观念间及"无限长"的直观理解。

教学准备

课件、练习纸、直尺、三角板等。

教学过程

（一）创设情境，引入新课

1.课件出示"·"

师：这个"·"可神奇呢！它会变！我们上面认识的这些几何形体，都和这个"·"有关系呢。这节课，我们就从神奇的"·"开始研究。

2.线段

（1）出示："·   ·"。

师：这里有两个点，请看在它们中间发生的变化！（课件演示）

生：把这两个点连起来就形成了一个线段。

（2）线段的特点。

师：线段有什么特点？

生1：直的。

生2：有两个端点。

生3：可以测量。

【评析】以点引入，回顾线段的特征，抓住线段端点的作用，寻找起点和终点，理解线段可以测量，激发学生的学习兴趣，引发学生的探究愿望，为后续的探究埋下伏笔。

（二）由"线段"继续研究，学习新知

1.教学例1

（1）认识射线。

①感知射线。

师：我们试着继续猜想，假如线段中间的直线，突破了其中一个端点，沿着同方向延伸后，如果永远不给出终点，猜想一下这条新得到的线将会是一个什么状态？可以延伸到哪里？

生：无限长、无边无际。

②自由想象。

师：你们所说的"无限长""无边无际"等到底是一个什么状态呢？我们一起闭上眼睛，根据老师的引导去想象。

【评析】在深入调查和深度分析学情后，教师基于学生的思维起点设计课堂教学，以期对学生的学习实施精准指导，丰富课堂内容，建立图形感知，增强学生的想象力，从而推进学生的深度学习。

③射线的特点。

师：我们把线段的一端（任何一端）无限延长，就得到一条射线。

师：请大家和同桌说说射线的特点是什么？它有几个端点？我们能测量出它的长度吗？

生1：一个端点。

生2：无限长。

师：把线段的一端无限延长，就能得到一条射线，只不过屏幕上所画的只是这条射线的一小部分，没有全部画出来，也不可能全部画出来。

④体会用有限空间表达无限的思想。试画射线。

师：现实生活中，能不能找到一张无限大的纸，画出一条完整的射线？

生：不能。

师：我们只能选择在日常学习中常见的纸来画出射线，请你试着画出一条射线。

（抽取画到纸边的和没有画到纸边的不同情况的作品进行展示）

师：请你判断这些作品是不是射线？

（有限、无限思想的进一步体会）

【评析】借助猜想改变线段长度，然后借助想象让光线射向无穷无尽的远方，在寻找终点的过程中，突破从有限到无限的难点，引导学生用类比的方法感知无限延伸的思想。

（2）认识直线。

①类比推理。

师：假如从线段的两端同时突破端点，沿着两个方向继续延伸（让学生试着画一画）。被突破的两个点怎么处理？为什么？

生：隐身。因为它不是端点！

师：表述不是很严谨，但是意思表达得很明确。继续猜想一下：如果永远不给出端点，这条线又将会是一个什么状态？

生：无限延伸。

②总结直线特点。

师：直线有什么特点？

生1：直的。

生2：没有端点，无限长。

（3）合作探究。

①直线、射线和线段相比，有什么相同点和不同点？小组讨论，完成表2-5，集体交流。

表2-5　直线、射线和线段的异同

类型	图例	相同点	不同点	
			端点	长度
直线				
射线				
线段				

②在课件上动态画出线段、射线、直线（射线是直线的一部分，线段是射线的一部分，线段是直线的一部分）。

③出示练一练第1题（图2-13）。

①　　②　　③　　④　　⑤　　⑥　　⑦

图2-13　练一练第1题

师：上面的图形中，哪些是线段？哪些是射线？哪些是直线？说说你们是怎样想的。

学生判断，教师点名交流想法。

（4）探究规律。

探究从一点出发可以画多少条直线。

师：下面我们来进行一个小小的竞赛，在二十秒之内，从一点出发画射线，看谁画得最多，开始！如果给你足够的时间，猜猜你能画几条？

生：很多条，画也画不完。

生：从一点出发可以画无数条射线。

总结：从两点出发可以画一条直线。

（5）认识两点间的距离（图2-14）。

图2-14 两点间的距离

师：有只虫子从一个山洞 A 到另一个山洞 B 寻找食物，有三条路可走，可是走哪一条路最短呢？可怜的小虫子犯愁了，谁能帮帮它呢？

生：中间的直线的那条路最近。

师：为什么呢？

生：因为上边的折线和下面的曲线拉开后都比中间的直线长。

师：你不仅善于观察，而且想象力丰富。请同学们看电脑演示和这个同学的猜想是否一致。

师：确实，两点间的所有连线中线段最短。

师：这条线段的长度在数学中还有一个名称：连接两点的线段的长度叫作这两点间的距离。

师：那我们怎么得到 A、B 两点间的距离呢？

生：只要量出线段 AB 的长度即可。

要求：请打开书本，翻到 77 页，完成"试一试"。

请学生汇报，并简要描述是怎么样量的。

【评析】教师深入观察学生的学习过程，利用教学中的偶然事件捕捉创新的机遇和灵感，让学生对偶然事件或思维过程进行多元解释，不仅能实现学生内隐思维的可视化、可听化，还能促进学生对数学概念的深入理解和数学知识的创新建构。例如，教师鼓励学生在画直线过程中以自己的理解方式表达出无限延伸，引发学生的个性思维和创新意识。当学生对画出的作品有疑问时，教师及时将学生质疑的过程在全班共享交流，在共同讨论的过程中教师顺势引导，不仅解决了学生的疑惑，还进一步渗透了线段、射线及直线之间的关系。

2. 教学例2 "认识角"

（1）通过"画一画"理解角的概念。

师：我们知道了从一点出发可以画无数条射线，下面请大家拿出老师已经给你们准备好的练习纸，从一点出发画两条射线，看一下是什么图形。

生：从一点出发可以画一个角。

（2）角的各部分名称。

师：角由几部分组成呢？

生1：一个顶点。

生2：两条边。

师：我们已经知道角由一个顶点和两条边组成。其中这一点 A 就是角的顶点，这两条射线就是角的边。

（3）角的符号表示。

①为了区别不同的角，我们还可以给角编上号，一般用数字或字母表示。如角1、角 A（教师在黑板上标出角）。

师：为了书写方便，我们通常用一个符号"∠"来表示角。∠1或∠A（板书并指导学生怎么读）。

师：大家观察一下，与以前学过的哪个符号很相似？

生：小于号。

②学生操作。

师：拿出练习纸，在你们刚画好的角上标出角，再用符号表示角。

【评析】把对距离和角的认识放在实际应用场景中，既能认识到知识的本质属性，感悟知识的价值，体会研究方法，同时又感受到知识之间千丝万缕的联系，让数学学习走向深入。

（三）巩固新知

（1）完成"练一练"第2题。

（2）完成"练一练"第4题。

（四）知识梳理

师：刚刚上课时我们说这个神奇的"·"和学过的图形都有关系，由点到线再到面，以后我们还会继续学习相关的知识。

（五）生活应用

师：刚刚我们研究的射线和直线，在现实生活中是不存在的，我们只能把某些线近似地看作射线或者直线，如太阳光线、高楼射灯的光线、手电筒的光线等。

师：同学们，我们利用线段或者曲线，可以创作许多美丽的图案，请看几幅小朋友的作品（课件出示），你们能不能利用本节课的知识也创造一幅美丽的图画？创作完成后和同学们一起交流吧！

总 评

1.注重操作体验，培养学习能力

强调亲力亲为，即让学生亲自实践和真实体验。作为概念教学课，笔者留有足够的时间让学生深入地感悟学习材料，能充分展开学习过程，让学生在亲身体验、经历数学的过程中逐渐建立概念。例如，经过一点能画多少条射线？让学生亲自体验了，才能得出准确答案，那么"过一点可以画无数条射线"的认识就自然而然地建立了。通过操作，让学生对自己原先的猜想进行了一次验证，也对这个知识点的理解更加深刻。通过游戏感受角的形成，掌握角各部分的名称。

2. 把握认知水平，沟通知识联系

本学段学生的空间观念有一定的发展，但仍以形象思维为主，而本节课教学的线段、射线、直线和角都是一种数学化的符号，具有较高的抽象性。由于学生在二年级时已初步认识了线段和角，并对线段与直线有一定的认识，所以对于三线的教学笔者由线段到直线再到射线，这样符合学生认知规律。进而通过比较三线的区别与联系，突破教学重、难点，而对于角的教学，则是在过一点画射线的基础上直接引出角的概念，符合对问题研究的线索，这样对教材的处理、设计衔接比较自然，学生学习不感到吃力。

第十节 "确定位置"教学实录与评析

教材分析

"确定位置"是苏教版《数学》四年级下册第八单元的教学内容。学生在日常生活中已经积累了一些确定位置的感性经验，通过第一学段的学习，已经能用上下、前后、左右和8个方向描述物体的相对位置。本节课教学以这些知识经验为基础，相对系统地教学用行和列或者数对的方式确定位置的知识。将学生在平时生活中累积起来的用近似"第几排第几个"的方式描绘物体所在地点的经验过渡到用抽象的数对来表示地点，发展抽象思维能力，加强空间观念，初步感悟数形联合的思想方法，同时也为学生第三学段学习平面直角坐标系做一些铺垫和准备。

教学内容

苏教版《数学》四年级下册第 98 页。

教学目标

（1）使学生结合实例认识列和行的含义，知道确定第几列、第几行的规则，初步理解数对的含义，能用数对表示具体情境中物体的位置。

（2）使学生经历由具体的生活场景抽象成用列、行表示的平面图的过程，感受一一对应关系，体会用数对确定位置的科学性，发展观察、比较、概括等能力，培养空间观念，渗透数形结合的思想方法。

（3）使学生初步体验数学与生活的密切联系，进一步增强用数学的眼光观察生活的意识。

教学重点

理解数对的含义，会用数对确定平面图中某点（或物）的位置。

教学难点

感受一一对应关系，体会这种关系的价值。

教学准备

课件、教材。

教学过程

（一）创设情境，引发思考

师：同学们，你们喜欢看电影吗？老师带来了两张电影票，如果谁能根据

电影票上的信息找到座位，老师就把电影票送给谁。（出示两张电影票，第一张为六排，第二张为 3 号）

生：找不到位置。

师：同学们，没有中奖也没有什么遗憾的，数学课才刚刚开始，说不定好戏还在后头呢！老师特别欣赏热情洋溢的你们，带上你们的智慧继续我们今天的数学学习吧。

师：在电影院里想要找到确切的位置需要知道什么信息？

生：需要知道排数和号数。

师：在电影院里要想找到确切的位置需要知道排数和号数，如果要确定我们的座位需要知道什么信息呢？这节课我们就一起来研究确定位置的方法（板书：确定位置）。

【评析】课前选择学生喜闻乐见的看电影情境，既让学生感受位置的概念，又吸引学生的注意力，引发学生的思考，唤醒学生已有的确定位置的知识和生活经验。

（二）层层推进，探究新知

1. 观察座位图（图 2-15），表示位置

图 2-15　座位图

师：同学们请看，这是我们班的座位图，请大家仔细观察，从中你们能发现哪些信息呢？

生1：同学们分成了6组，每组5个人。

生2：我们班有5排，每排6个人。

师：那能不能结合座位图来分一分，看同学们都坐在第几组？谁到前面来试一试？

（学生到前面来划分组）

师：你同意他的分法吗？和我们座位图上的分法一样吗？大家明确自己在第几组了吗？我们来试一试。第一组在哪里？第二组在哪里……

师：请你们结合座位图描述一下小军的位置。

生1：第3组第3个。

生2：第4组第3个。

师：问题又来了，为什么对于同一个位置还有两种不同的描述方式呢？

生：因为只规定了组，也就是前后的位置，左右的位置没有确定，所以从左往右、从右往左都可以。

师：如果想要用唯一的一种方式来表示一个确定的位置，你们认为还需要明确哪个方向的位置？

生：左右的位置。

师：我们来想一想，如果想合理地、简单地、唯一地确定位置，我们需要几个条件？

生：两个，横排和竖排。

2.用列和行描述位置

师：刚才同学们说的竖排和横排在数学上还有一种规定：通常我们把竖排叫作"列"，横排叫作"行"。

师：从观察者的角度，确定第几列要从左向右数，第几行要从前向后数。

师：真不错！我们理解了列、行的含义，那你们现在能用这种方法来描述小军的位置吗？

生：第4列第3行。

师：同意吗？我们一起找找（课件演示），通常情况下，我们先说列，再说行。我们说小军的位置在第4列第3行。

3. 实物抽象电子图（图2-16），自主"创造"数对

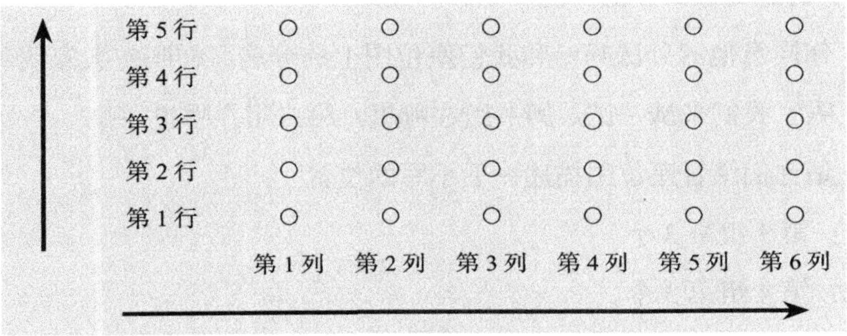

图2-16　实物抽象电子图

师：仔细观察座位图，有什么变化？

生：小军变成了圆圈，同学们都变成了圆圈……

师：是啊！同学们都变成了小圆圈，这样来表示座位图就更清晰了。那你们还能找出哪个小圆圈代表小军吗？谁来找找？

生：先找第4列，再找第3行。

师：看来第4列第3行用来表示小军的位置很准确，且很简练！

师：那老师这还有几个位置请你们记录，准备好了吗？

师：第5列第1行，第3列第3行……（速度逐渐加快）记完了吗？怎么了？

生：太快了、字太多了……

师：谁记得最多？说说你是怎么记的？

生1：我简化了。

师：是啊，每次要写 6 个字，感觉不够简练。想一想，能不能把这种表示位置的方法再进行简练？

小组讨论、交流，有选择地把学生记录的方法板书到黑板上。

4 列 3 行　　　4L3H　　　D4D3　　　4–3　　　4, 3

师：同学们创造了不同的记录位置的方法，很有自己的想法，但数学语言是一种简化的语言，那么到底用哪种方式记录位置更好呢？

生 1：4–3。

生 2：4, 3。

师：是啊，这些方法都比第 4 列第 3 行要简单，尽管方法各不相同，但大家的表示都有一个共同的地方，你们发现了吗？

生：都有 4 和 3。

师：同学们多了不起，都把重要的信息保留下来了，如果让你选择，你选哪种方法？

生：4, 3。

师：嗯，这个同学的想法挺厉害的，和数学家的想法很接近。想知道真正的数学家是怎么规定的吗？

一边板书一边说：先写一个 4，表示第 4 列，再写一个 3，表示第 3 行，中间用逗号隔开，再用括号括起来，表示这是一个整体，两个数共同表示一个位置，我们把这样的一对数叫作"数对"。读作"数对四三"，也可以直接读作"四三"。

【评析】教师秉持"以学为中心"的教育理念，将基本内容和基本问题以活动为桥梁转化成学习任务。情境图中班级座位图引发学生的思辨，让学生感受到引入数对确定位置的必要性。教师在课堂上相信学生、尊重学生，提供充足的时间和空间让学生通过独立思考、小组交流、同伴助学的活动，经历发现问题、提出问题、分析问题、解决问题的学习过程。

（三）自主构建，深化学习

师：同学们的理解能力真的很出色，从课程开始用自己的语言描述位置，到用第几列、第几行表述，再到数对，我们描述位置的方法越来越简单、简洁。把复杂的问题变得简单，是数学上常用的一种方法，就是"化繁为简"。

师：如果给你数对，你能在图中找到他们的位置吗？

(6, 1) 和 (1, 6)（点名回答）

师：这两个数对中的两个 6 表示的意义一样吗？

生：不一样，一个表示列，一个表示行。

师：你的回答有理有据，让人信服。聪明的你们在班级中一定有很多好朋友，请你用数对说出你好朋友的位置。考考你的同桌，看他是否可以找准是谁。

师：同学们完成得怎么样？同桌来汇报一下，你认为你同桌答对的请举手。

教师小结：每一个座位图都有一个横向的位置和一个纵向的位置，我们将这两个方向用线标起来，便形成了方格图，横向和纵向就会形成交叉点，这些交叉点就是我们所在的位置（课件动态演示点子图成为方格图，如图 2-17 所示）。一个数对对应一个位置，一个位置对应一个数对。我们把这种关系叫作——一一对应。

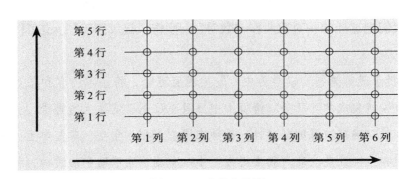

图 2-17　座位方格图

【评析】从学生已有的知识与经验出发，使学生在个性表达的比较中发现统一表达需要规则，经历用数对表示位置的过程，学习用数学的眼光观察世界，感受数学的抽象。这样的过程使学习始于学生表达的需要，使抽象始于表达的简洁，感受数学的简洁美。

（四）巩固应用，加深理解

师：下面我们体验数对游戏。第3列同学请起立，大声说出自己的数对。

（学生依次说出）

生：(3, 1)、(3, 2)、(3, 3)、(3, 4)、(3, 5)、(3, 6)、(3, 7)、(3, 8)。

师：听到这组数对，大家有什么想法吗？有什么发现吗？

生：列数都是3。

师：为什么会这样？

生：因为他们在同一列上，但不在同一行上。

师：原来是这样，好，第5行同学请起立，大声说出你的数对。

生：(1, 5)、(2, 5)、(3, 5)、(4, 5)、(5, 5)、(6, 5)。

师：关于这组数对，大家有发现吗？

生：行数都是5。他们在同一行上，但不在同一列上。

师：同学们真会观察，发现了这两组数对中的秘密。

【评析】在"数对"与"点"的一一对应中培养学生的空间观念，通过观察，使学生在发现同一列、同一行两点之间的联系，促使学生激发数学学习的兴趣，积累数学活动的经验，发展空间观念。

（五）拓展延伸，发展思维

1.你知道吗

介绍数对的发明者笛卡尔。

2.介绍经线、纬线

师：在地球仪上，连接南北方向的叫作经线，垂直于经线的叫作纬线，我们可以用经度和纬度这个地理坐标系确定地球上任何一点的位置。例如，北京（课件出示）。

师：如果不在地球上呢？（课件出示太空图片）我们又该怎样确定位置？带着这个问题走出课堂，去学习、去思考。

【评析】回顾学习过程，结合笛卡尔的介绍，使学生感受发现知识的成功感，感受数对确定位置的价值，让学生感受到本节课学习确定位置是一个由点到面，再到体的过程，延伸知识广度，为以后的学习埋下种子，体会数学的应用价值。

总　评

本节课的教学具有以下几个特点：

（1）本节课的突出特点是在具体情境中有层次地落实教学目标。首先，从已有的旧知识班级座位展开，通过行和列去认识数对大致的表达方式，通过呈现学生比较熟悉的教室里有序排列的座位的场景，激活学生头脑中已有的描述物体位置的经验；通过交流，引发学生产生用一致的方式表示位置的需要。其次，对空间进行拓展，让学生认识到不同的地理位置，富有开放性和人文性，既拓宽了学生的知识面，又能让学生体会数对确定位置的价值，感受一一对应的数学思想。最后，本节课延伸了学生的知识面，灌输了有关经、纬线的知识，增加了学生的学习兴趣。多种感官参与学习过程，增强了空间想象力，培养了空间观念，落实了核心素养。

（2）《义务教育数学课程标准（2022年版）》指出："选择能引发学生思考的教学方式。改变单一讲授式教学方式，注重启发式、探究式、参与式、互动式等。"首先，立足于新课程标准理念，明确教学内容要求、学业要求，在细琢精磨的备课中做到以大概念引领教学流程，不贪多、不加重课例的容量，以精简的步骤为学生创设更大的研学空间，落实课时的核心素养目标，在简单、高效的课堂中尽可能为学生的自主学习提供生长与孕育的生态环境；其次，

"问题＋任务"引领的课堂教学，体现"以人为本"的生态教育理念，问题是学生自主研学的核心驱动力，有问题才有探究的必要性；最后，精化合作，借助交流的有效性将组内浅层的、有遗漏的问题，通过互学及团队合作的力量，在组内共学中解决并形成共识，随后在全班展学中引导交流共识的成果，以及修正的原因，避免合作中共学的无效及交流的重复。

　　总之，核心素养背景下的数学课堂教学，不仅承载着知识、技能、思想和方法的传授，更承载着学生对事物和未知领域、宇宙空间的向往。数学课堂要关注数学的育人价值，要通过有限的时间拓展学生无限的想象力，从而培养学生的核心素养。

第三章

数学研究

第一节 基于提升学生核心素养的
小学数学本真课堂的实践研究

根据当今小学生综合素质全面培养的重要举措，河南省平顶山市明珠世纪小学（以下简称"明珠世纪小学"）致力于提升学生核心素养，构建小学数学本真课堂，创设数学情境，链接现实生活，捕捉课堂生成，鼓励学生动手操作，体验学习过程，引导学生开展探究活动。学生在潜移默化中学会学习，具有科学精神，实践创新能力也有了很大提高。学生们在课堂上体会到了数学学习的乐趣，获得了成功的体验，形成了积极的心理品质，使他们的核心素养得到不断的提升与发展。

一、课题研究简介

（一）课题名称：基于提升学生核心素养的小学数学本真课堂的实践研究

2019 年 5 月，明珠世纪小学以"基于提升学生核心素养的小学数学本真课堂的实践研究"为题向平顶山市教育局教育教学研究室申请立项，经平顶山市基础教育教学研究室组织专家组评审、核准，于 2019 年 9 月批准立项（课题编号：JYKT2019057）。

（二）课题提出

2014 年 3 月，教育部发布《关于全面深化课程改革落实立德树人根本任务的意见》，明确提出要加快制定学生核心素养体系，并及时把核心素养落实到各个学科教学中，促进学生全面而有个性的发展。学生学习的主阵地是课堂教学，因此，课堂教学中学科核心素养的构建就显得尤为重要。

随着新课程改革理念的不断深入，教师教学思想和教学方法发生了一定的改变，如何提高学生的核心素养成了一个重要的课题。新课程改革要求我们培养创造性人才，构建学生主动参与、自主研究的本真课堂，培养学生的创新能力和实践精神，进而把学习的自由与乐趣还给学生。自实行新课程改革以来，我校一直不断地探究、摸索，也取得了一些经验，但同时也存在很多问题，突出表现在课堂教学中，如：过分重视教学形式而忽略了内容，教师有意创新，采用各种各样的教学形式，把课堂搞得热闹非凡，却忽视了知识本身，搞得学生累，教师也累，且没有达到教学效果；部分教师重视了知识的讲解却又忽视了能力的培养，课堂上学生学习担子较沉，个性也得不到合理的发展，学生主体地位得不到体现，课堂教学创新能力很差等。

基于以上原因，明珠世纪小学确立了"基于提升学生核心素养的小学数学本真课堂的实践研究"的课题研究，以此推动学校小学数学课程改革实验，提升本校的办学能力，培育出一代富有研究实践能力的优秀学生。

（三）课题的界定

"核心素养"不同于一般意义的"素养"，"核心素养"指学生应该具有：能够适应个体终身发展和社会发展所需的必要品质和关键本领，更注重学生自身发展、合作参与、个人素养、创新实践、社会关怀、国家情怀等方面。

"本真"指事物的本源、真相，即指真实的、不加任何修饰的内心世界及外在表现。这里的"本"，是根本之"本"，这里的"真"，是真实之"真"。"本真课堂"是构建符合客观规律、尊重学生天性、基于学生实际的，真切、真实、真情的课堂教学。本真课堂追求真切的教学目标与内容，真实确切，清晰明了；追求真实的教学过程与方法，使各方面活动真实、朴实、扎实；追求真情的师生关系和课堂教学氛围，形成真情实感的师生关系和活泼的课堂教学氛围。

本课题是基于提升学生核心素养的小学数学本真课堂的实践研究，践行"以人为本"的教学思想，遵从学生特性，依据学科特点，从课堂管理、教学形式、教学评价等方面激发学生学习内驱力，激活学生自主性发展，促进学生核心素养的培养。

（四）国内外相关研究文献综述

关于数学素养，至今还没有一个完整的、统一的界定。一些专家认为，"数学素养"是在人类与生俱来的能力的基础上，受后天数学教育环境的影响，获取数学知识、能力、观念、思维和质量等方面的相对稳定的综合物理形态。北京师范大学一些专家团队是这样定义数学素养的：具有数学基本特征的、适应个人终身发展和社会发展需要的、具有数学特征的关键能力与思维品质。这些定义大多停留在"说"的层面上，而关于具体操作层面的却很少，缺少一整套具备操作方法的培养学生核心素养的具体方案。

国外也有一些关于数学核心素养的研究，爱尔兰教育与技能部在 2011 年推出《学习和生活中的人文素养与数学素养》，从学生、家长、教师、学校课程、教学方法、教学评价等方面论述如何培养学生的数学素养，主要有五个角度：不同数学课程内容对学习者的作用、学习者对数学素养的态度、学习者数学素养的提升、数学素养学习中教学资源的使用、丰富的数学经验。

综合评价国内外的研究成果，虽然已经探索出了许多有价值的教学策略和方法，对学生数学核心素养的培养起了一定的促进作用，但大多都是较为零碎的经验，没有一套完整的架构，并且不符合本校学生核心素养培育各方面的现有情况，如推理能力较弱、缺乏较为理想的操作方法和系统的理论方面的提升等。因此，我们希望能在前人研究的基础上，探索出一套切实可行的策略，弥补以前研究的盲点，构建出能提升学生核心素养的本真课堂，使学生核心素养的培养更有操作性和可行性。

（五）课题研究的理论依据

1. 中国学生发展核心素养

学生发展核心素养是指：学生应该具有能够适应个体终身发展和社会发展所需的必要品质和关键本领。以培养"全面发展的人"为核心，包含知识基础、个体成长、社会参与三个方面，综合表现为自主学习、文化底蕴、科学创新、担当责任、实践研究、健康成长六大素养。

2. 新课程理论

新课程标准把"回归本真"作为课堂教学的主要目标，要求开展真实的教学活动，争取使每一位学生都能学习有用的知识，每一位学生的个性都能充分发展，以实现对学生数学核心素养的有效培养。而要实现这样的目标，我们必须将课堂教学与学生的实际情况相结合，创造一个富有趣味性的本真课堂。

二、研究设计

（一）研究目标

通过研究和实验，希望能进一步提高学生自主学习的能力，促进学生逻辑思维的发展，培育出符合社会发展需求的小学生；进一步提高本校数学教师在教学和科研等方面的能力水平，促进学校的发展，提高学校的教学质量。

具体目标如下：

（1）经过探索，构建起以国家课程为主、本校课程为辅的本真课堂，突出发展学生的核心素养。

（2）经过探索，构建有利于提升学生核心素养的数学本真课堂，研究出一套具有数学学科特色的课堂教学方案，形成有利于促进学生核心素养能力发展的操作方案。

（3）经过探索，根据学生自主学习的情况，提出科学的引导方式和策略，让学生得到全面的发展；促使教师更新教学观念，优化教学策略，有利于学生核心素养的提升。

（二）研究内容

（1）通过学习小学数学核心素养的相关文献，探究问题，正确把握小学数学核心素养的基本定义。

（2）根据小学数学核心素养，深入研究小学数学本真课堂的定义，通过整合、重组优化小学数学教材的内容，厘清小学数学基本核心素养的阶段性要求，形成具有本校特色的本真课堂。

（3）基于学生发展核心素养的宗旨，以实验班为基础，进行课堂教学实验，以能够提供各个学段本真课堂的多个成功案例为主要内容。

（三）研究对象

明珠世纪小学全体学生。

（四）研究方法

本课题具有较强的探索性和推广性，我们以课堂教学实践研究为前提，结合当前学校实际情况，通过对实际问题进行分析和思考，一边实践、一边研究、一边推广，力求课题研究的实效性。

（1）文献研究法：通过搜索和查看大量文献资料进行研究。

（2）个案研究法：通过对个别课堂深入探索来分析结果。

（3）观察研究法：通过观察研究课堂教学推进课题的开展。

（4）行动研究法：在教学中创设特色活动，让学生多动手，促进学生核心素养的提高。

三、研究步骤

本课题研究时间为一年，共分三个阶段。

（一）第一阶段：准备阶段（2019年5月）

这个阶段的主要工作是所有课题组成员都要努力学习相关理论知识，商讨制定研究计划，最终确定课题方案。

（1）努力学习理论知识，提高自身素质，用科学的理论为课题提供研究依据。课题组全体成员认真阅读学习了《义务教育数学课程标准（2011年版）》，并查阅了近几年数学期末试卷并加以分析。在平时的教学中我们每周四下午还进行教研活动，学习吴正宪、徐长青等一些专家的教育理念、教学思路、教学方法等。此外，课题组每位教师都参加了培训活动，以提高中小学信息技术能力，通过网上学习，提升自己的教学理念，寻求更有效的教学方法。

（2）调查、收集相关课题材料，研究人员学习有关资料（包括数学课程标准的学习和有关提升学生核心素养的相关文献资料），组织实验人员加强理论学习，树立正确教育观念，提高自觉意识。

（3）调查了解明珠世纪小学课堂教学状况，根据实际情况制订研究方案及研究计划，做好实验准备。

（二）第二阶段：实施阶段（2019年6月—2020年2月）

1.调查现状，进行分析

教师方面：通过和教师座谈、听课等形式发现本校课堂教学方面主要有以下几点问题：

（1）有部分教师只是单纯地追求一些课堂教学形式，为了小组合作而合作，自主探索等课堂活动表面化，不能从教学内容需要和学生需求的角度出发，不关注真实的教学效果，太形式化，造成学生的各种能力发展不均衡，教师教学目的难以达成。

（2）教师的引导作用没有很好地发挥，对于很多课堂生成的东西，并没有及时给予引导，只能成为事后的评价者；或者只是沉浸在自己设定好的教学环节之中，并不关注学生的发展及课堂参与度；师生之间缺乏平等合作、共同探索，不能引导学生参与"学"的全过程。

学生方面：为了使课题研究有效进行，我们在课题实验初期，采用问卷调查与学生座谈相结合的方法，对明珠世纪小学小学生现有的学习习惯和课堂学习情况进行了调查分析。小学生学习习惯存在的主要问题表现如下：

（1）不会合理安排自己的学习时间，自主学习的能力较差，缺乏独立性。

（2）上课时注意力不集中，遇到困难不愿意动脑，没有探究问题的意识。

（3）人际交往方面固执任性，不易和其他人沟通，没有合作意识。

社会、家庭和学校等多方面的因素是造成这些问题的主要原因。其中课堂是学校教育的主阵地，在课堂上，学生们除了渴望知识，还希望数学课堂具有趣味性，能多参与数学课堂活动，表达自己的想法和感受，得到成功的体验，感受数学学习的乐趣。因此能否构建一个开放、交流、合作、共享的新型学习模式，对学生良好的学习习惯的形成起着至关重要的作用。

2. 构建"本真课堂"，提升学生核心素养

数学课堂教学只有从学科本质出发，开展原汁原味的数学教学活动，才能满足学生需要，让数学回归本真，实现对学生数学核心素养的有效培养。

（1）立足本真课堂，创建教学情境。

新课程标准指出数学教学活动要紧密联系学生的实际情况，创设教学情境，多创造机会让学生参与数学活动，激发学生的学习兴趣，让学生愿意学习。本真数学课堂应该营造真实的教学情境，让学生能够联系实际生活，感受数学的真实乐趣，从而激发其学习的主动性、积极性。美国著名教育心理学家

本杰明·布鲁姆曾说过："世界上的东西，只要有一个人能学会，那几乎所有人都能学会——只要给他提供适当的前提和学习条件。"因此为学生创设良好的情境，有助于提高学生的学习效果。在创设情境时，应根据学生年龄特点和生活体验，注重生动有趣，还要紧扣教学内容，让学生能在情境中发现问题、学习新知，切实掌握数学知识，为培养数学核心素养提供保障。

①创设学生熟悉的生活情境。例如，在教学一年级数学"6、7、8加几"时，可以创设这样一个生活情境：

今天兔兔小白过生日，她的好朋友小花准备给她买水果，在水果店里，小花看到有金黄的橙子、红红的苹果……于是，对猴先生说："猴先生，我想买一些水果。"猴先生答道："原来是小花啊，你想买什么？"小花说："我想买6个橙子和8个苹果，一共要多少钱呢？"猴先生一时想不出答案，同学们，你们能帮帮他吗？

这样一个有趣的情境，激发了学生的学习兴趣，提高了学生学习的积极性，便可以更好地开展教学。

②情境创设要体现数学性。《义务教育数学课程标准（2011年版）》指出，数学教学应从学生已知的生活经验和知识背景出发，创设有效的教学情境以激发学生的学习兴趣，为学生提供良好的学习环境，引导学生在自主探究的过程中理解和掌握基本的数学知识和技能、培养学生的数学思维能力、感悟数学思想方法，同时获得丰富的数学体验。因此，在教学中，要创设有"数学味"的情境，充分运用直观教学的方法，让抽象的数学知识成为学生常见的生活原型，成为学生能亲身体验的东西，这样就可以给学生的探索指明方向，使学生感到亲切、熟悉，有利于帮助学生理解数学知识，提炼数学知识的本质属性。

例如，教学"认识人民币"一课时，创设了如下的情境：

师：今天天气特别热，乐乐想买根冰棍（1元）吃，她拿出一张人民币（1角），你猜售货员阿姨会卖给她吗？为什么？

生：不会。因为她的钱不够。她把 1 角当做 1 元了。

师：你能教教乐乐认识人民币吗？

用人民币购买物品的场景，学生们都很熟悉，他们有一定的生活经验，创设这样的教学情境，符合低年级学生的年龄特征，激发学生的学习兴趣，让他们快乐、有效地参与学习活动。"教乐乐认识人民币"就是本节课的重点。因此，教学时要设计回归本真的数学课堂情境，让学生用已有的知识经验、引导他们将生活经验数学化，让学生们感受数学知识的"生活化"和生活问题的"数学化"。学生们认识了人民币之后，教师又创设了一个"爱心义卖"的模拟情境，让学生们进行学习用品的买卖活动，让他们体验用学过的数学知识解决生活中的问题，并且把买卖的钱捐给贫困地区的小朋友，让他们在学习过程中还能收获情感体验，懂得要做一个有爱心的人。这样从自己的生活经验出发，最后又落脚到生活应用上，真正地开展了原汁原味的课堂教学，能更有效地促进学生的学习。

（2）聚焦本真课堂，链接现实生活。

在日常的课堂教学中，我们会发现同学们一遇到新问题就会无所适从，没法下手，这个时候，我们应该从问题本身出发，帮同学们整理问题，分析题意，找出问题关键所在，理清思路，找出解决方法。小学阶段的学生们，独立性较差，往往需要教师的引导，在教师的带领下才能逐步体会数学知识的价值，而我们所要做的就是帮助学生们学会如何在生活中应用学过的知识。

例如这道题：暑假里，7 岁的小周和父母到迪士尼玩，成人票 380 元，儿童票价格是成人票的一半，他们买门票需多少钱？

要解决这一问题，我们需要首先厘清题目中的数量关系，找出关键"儿童票价格是成人票的一半"，求出儿童票价，这样就能找出解题思路，解决问题。

解决过程：有两个成年人，要买 2 张成人票，成人票价为 380 元，两张成人票共需：$380 \times 2 = 760$（元）。

小周是儿童，需买一张儿童票，儿童票价为：$380 \div 2 = 190$（元）。

总共花费：$190 + 760 = 950$（元）。

又例如，在教学生们如何利用长方形的面积公式解决实际问题这一内容时，可以设计这样的活动课：

最近你的数学老师正在装修房子，她准备把厨房的地面铺成地砖，关于地砖的选择你有什么好的建议吗？

生1：铺大一点的地砖，这样好看、大方。

生2：因为老师很开朗，应该选择亮一点儿的。

生3：多去店里比较比较，杀杀价，选择物美价廉的地砖。

师：你们提的建议都非常好，那如果老师现在就去买地砖，可以吗？

生4：不可以，我们还要知道面积，这样才知道需要买多少地砖。

师：那老师现在告诉你们老师家厨房的形状是长方形，你们能帮老师求出厨房的面积吗？

生1：能，只要测量出长和宽就可以了。

生2：还可以用每块地砖的面积乘地砖数量，计算出厨房的面积。

师：老师根据装修师傅的要求和你们的建议在一家装潢店挑了两种地砖。

师：观察主体图，你们能从中得到什么数学信息？

生3：第一种地砖是正方形的，一块是4平方米，每块5元；第二种地砖是长方形的，一块面积是6平方米，每块7元。

师：用第一种地砖的话需要铺180块，如果我们用数学的眼光来看，你能提出哪些数学问题？

生1：厨房的面积有多大？

生2：买第一种地砖需要多少钱？

师：非常好，下面请同学们自己相互交流，计算厨房的面积。

师：谁愿意来跟大家分享一下自己的想法？

生4：180×4=720（平方米）。

生4：因为用了180块地砖，也就是有180个4，因此用180×4。

师：以后再遇见这样的问题，我们就可以用每块地砖的面积乘地砖的数量来求房间的总面积了。

其实很多像这样的案例就来源于我们的现实生活。课堂上我们通过铺地砖这一生活情境，将学生带入他们熟悉的生活当中，并让学生通过不断的探索、讨论，自己解决问题，寻求新知。

（3）捕捉课堂生成，引导学生探究。

心理学家盖耶说："谁不考虑尝试错误，不允许学生犯错误，就将错过最富有成效的学习时刻。"在学习过程中，学生总是会犯错误的，本真数学教学应该关注学生的每一次错误，用错误来揭示学生的学情，巧借错误来诱发进一步的探究。对此，教师应及时捕捉这些错误，不要轻易地判断对与错或机械地指出错误，也不要直接灌输正确答案，而应该善用错误，并将其巧妙地运用于教学活动，引导学生纠正错误，解决问题。

例如，在引导学生了解平行四边形面积计算方法的过程中，为了让学生厘清其与长方形面积的计算方法之间的联系，教师先请学生说出长方形面积计算公式为"长 × 宽"。然后将长方形拉成一个平行四边形，并让学生思考它的面积怎样计算。受到迁移思维影响，不少学生猜测其面积同样等于两边相乘。这明显是错误的，但是先不要告诉他们，而是按照他们的想法进行讲解。首先在黑板上画出一个长方形，然后画一个底边与长方形的长相等，高与长方形的宽相等的平行四边形。引导学生通过割补法，得出两个图形的面积不相等，从而验证猜想错误。最后进一步探讨并推导出平行四边形的面积公式。

富兰克林曾说过"垃圾其实就是放错了地方的宝贝"。根据新课程改革的教学理念，其实课堂生成中的任何情境、问题、质疑，甚至错误都是宝贵的教学资源，教师应善于采用"将错就错"的策略，根据学生课堂中的真实反应，及时捕捉有用信息，适时引导，激发学生学习的兴趣，让学生在课堂中真正内化所学的知识。

（4）开展探究实践，体验学习过程。

① 动手操作，体验过程。瑞士心理学家让·皮亚杰提出："6~12岁的孩

子心理发展的特点是，对具体的事物感兴趣，善于记忆具体的事实，而不善于记忆抽象的内容。"小学生的思维正处于由具体形象思维向抽象逻辑思维过渡的阶段，能够通过动手操作将抽象的数学知识形象化，而数学是一门抽象性、逻辑性很强的学科，因此我们可以通过具体的操作和形象可感的实物帮助学生理解知识。另外，在图形相关知识的教学中，可以让学生多动手操作，让学生通过感觉、操作等真实体验全面地感知数学，而并不是单纯地识记课本上那些枯燥知识。

例如，在教授"三角形的特性"一课时，教师先让学生准备一些小棒和图钉，在课堂上让学生用小棒拼出三角形和一些其他图形，并用图钉把小棒的连接处固定。然后让制作了正方形、长方形等图形的学生用两只手分别拿着相对的一组边尝试上下左右移动，学生们惊喜地发现图形形状发生了改变。接着又让学生拿出三角形，也尝试上下左右移动，却发现三角形框纹丝不动，于是教师紧接着问："三角形是否容易发生变形？"学生们说出"不容易发生变形"，然后再让学生拿出课本学习三角形特性的内容。

数学学习其实也是一种活动，与很多运动一样，不经过亲身体验，仅仅看课本、听讲解、观察他人的演示是不容易学会的。课堂中我们应多引入实践活动，注重学生实践能力的培养，积极贯彻新课程改革的要求，让学生多动手、多讨论，争取让数学课堂成为一个轻松愉悦并行之有效的本真课堂。

② 在课堂教学中，要巧用各种教学资源。可以多准备一些学具，辅助学生动手操作，力求把真实的生活场景还原到课堂中，以此来强化学生的实践能力。以"圆的认识"这一课为例，画圆的时候，可以让学生想办法画一个圆，学生们都会借助身边的工具自己画圆，兴趣满满。之后再提出问题——我们这样画圆方便吗？从而引出用圆规画圆，讲解画圆方法，然后学生自己动手操作。画好之后测量圆的半径和直径，并讨论交流。最后总结得出结论：在同一圆中，半径的长度都相等，直径的长度也相等。二者之间也有固定的关系：同一个圆，它的直径是半径的两倍。

③ 探究实践活动要贯穿数学思考。数学思考是核心，《义务教育数学课程标准（2011 年版）》中将"数学思考"作为数学学习的四大目标之一，离开了思考谈教学，数学教学是无根的。教学过程中，教师要引导学生积极有效参与数学活动，成为学习的主体，在课堂中发现问题、探究问题。例如，教学"三角形三边关系"这一节课时，可以让学生准备以下学习材料：四根小棒（10 厘米、6 厘米、5 厘米、4 厘米），一张表格。并让学生分组，看哪些小棒能组成三角形。

a. 小组合作：小组任选三根小棒，把结果填在表格里。

b. 探究思考：

问题一：10 厘米、6 厘米、5 厘米和 6 厘米、5 厘米、4 厘米的小棒能围成三角形，它们的三条边有什么关系？

问题二：10 厘米、6 厘米、4 厘米和 10 厘米、5 厘米、4 厘米的小棒不能围成三角形，这三条边又有什么关系？

c. 分析发现：

结论一：6+5>10，4+5>6，能围成三角形。

结论二：6+4=10，4+5<10，不能围成三角形。

d. 举例验证：另外找三根小棒围一围，验证自己的发现。

总结结论：两根小棒长度之和大于第三根小棒时，能围成三角形。

引申问题：三角形三条边有怎样的关系？

得出结论：三角形两条边长度之和大于第三边。

课堂中，要让学生自己动手操作，并在操作过程中不断思考，这样学生学到的不仅是数学知识，还有数学思想和方法，落实了教学目标，提高了数学学习能力。

（5）培养创新精神，内化数学思维。

美国著名科幻小说家艾萨克·阿西莫夫认为"创新是科学房屋的生命力"。在小学数学教学中，本真数学课堂的构建还需要引入丰富的、多元的知识，让学生认识到自己所接触的书本内容只是数学的一部分，进一步打开学生的视野，鼓励开拓创新，培养他们的创新意识和能力。为此，课堂中我们要多鼓励学生提出自己的见解，加强学生之间的讨论交流，让学生自己去思考问题，促进学生创新能力的发展，培养学生数学核心素养。

例如，在讲授"周长"一课时，我们可以先引入学生熟悉的事物，如教室窗外椭圆形的花坛，问"如果没有卷尺，你们能测出花坛周长吗？"教师让大家分组讨论后再分享，想出最多方法的小组能获得小红花的奖励。有学生说"我们可以找一根已知长度的绳子围着花坛，再将绳子长度和测量次数相乘即可"，有学生反驳了，"花坛不一定是整数个绳长，最后一段长度需要借助尺子"。有的学生说"用步子测量，每一小步约为半米，用绕花坛走一圈的步数乘 0.5 米"，又有学生质疑该测量结果不精确。还有学生提出用花坛上瓷砖的数量乘以规格计算。教师表扬了所有积极发言的同学，并肯定了大家的想法。

要开展数学教学活动，内化数学思维是关键。我们要保证学生真正参与到课堂教学活动中。为此要多提问具有启发性的问题，活跃课堂气氛，发展学生核心素养。在提问过程中，由易到难，让学生一步步发现知识，提高学生思考问题的能力。例如，在"正比例的意义"这节课中，首先提出问题：汽车在公路上行驶，请同学们看书上的统计表，思考一下，整体上哪些量发生了变化？锻炼学生的整体分析能力；从左向右看，时间是怎样变化的？路程又是怎样变化的？锻炼学生的部分分析能力。最后，问时间与路程之间的变化有什么关系，设计启发性的问题，能让学生有效地进行思考，深入探究，延伸了数学课堂的深度和广度。

（6）精心设计练习，促进学生发展。

数学是一门逻辑严密的学科，知识之间有着紧密的联系，教师在教完新知识后，通常会辅之以相应的练习，帮助学生巩固新知识，拓展学生的思维，提高学生解决问题的能力，让学生智力进一步得到发展。因此，练习的设计要精准，要有梯度、有深度。由易及难，由简到繁，从基本知识到能力拓展，让不同层次的学生都有所收获。例如，"平行四边形面积"一课，探究完面积的求法后，设计了以下的练习。

基本性练习：计算图 3-1 中平行四边形的面积，需要什么条件？

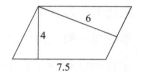

图 3-1　例子 1

这个平行四边形已知高的长度，要求它的面积还需要已知什么条件？学生回答完后教师再补充"底是 18 分米，"让学生独立完成。

提高练习：

①计算图 3-2 中平行四边形的面积，算式是（　　　）。（单位：厘米）

A.7.5×4　　　　　B.7.5×6　　　　　C.6×4

图 3-2　例子 2

②图 3-3 中第（　　　）个平行四边形的面积算式是 12×8（单位：米）。

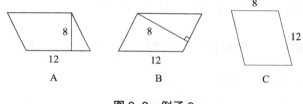

图 3-3　例子 3

实践性练习：

选择条件，求出图 3-4 中图形的面积（单位：米）。

基本练习的设计是检查学生是否会运用公式计算平行四边形的面积，加深对公式的理解；提高练习是为了让学生知道计算平行四边形面积要选择正确的"底"和"高"；实践练习在于让学生能运用所学知识解决生活当中的实际问题，培养学生的实践能力；这样的设计，层层递进，由浅到深，符合学生的认知特点，能很好地帮助学生提升自身素质。

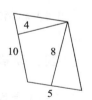

图 3-4　例子 4

（7）归纳总结反思，提炼数学思想方法。

数学思想方法是数学学习的灵魂，很多年后，人们早已将学生时代所做的数学习题忘记，但是数学思想却伴随着他们的一生。因此，数学思想是学生数学素养的核心。作为教师要重视对数学思想方法的渗透，指导学生在自身归纳深思中提炼出数学思想。例如，在复习平面图形的面积公式时，让学生们思考：平行四边形、三角形、梯形的面积公式是怎样推导出来的？它们的推导方法有什么共同点？学生们在总结反思中体会"转化"的数学思想。另一个例子，当学生学完三角形的内角和时，让他们复习学习的全过程：先计算出一些特殊的三角形，像直角三角形、等边三角形的内角和，再通过猜测、操作、验证进而推导出一般三角形的内角和。总结出结论：所有三角形的内角和为180°。让学生在回顾思维过程中提炼出"归纳"的思想方法。因此，教授完了数学知识，并不代表完成了全部的教学任务，教师要引导学生回忆学习的过程，总结反思自己是如何发现并解决问题的，采用了哪些数学思维方法，从思维的另一个高度把握知识的本质，感悟数学课堂的价值与魅力。

（三）第三阶段：总结阶段（2020年3月—2020年4月）

（1）总结研究成果，撰写结题报告。

（2）邀请有关专家引领解决实施过程中存在的问题，形成更加有效的提高学生核心素养的研究策略，并对成果进行鉴定。

（3）整理实验教师的教学案例、教学论文、学生测评结果和研究成果。

（4）总结经验，进行成果推广。

四、研究成效

（一）学生方面

（1）实验前后对学习数学的兴趣的调查研究。实验前和实验后学生的学习态度发生了很大改变，由先前的怕学到现在的乐学，增强了自信心，真正做到了主动学习。

实验前后学生对数学的兴趣如图3-5所示。

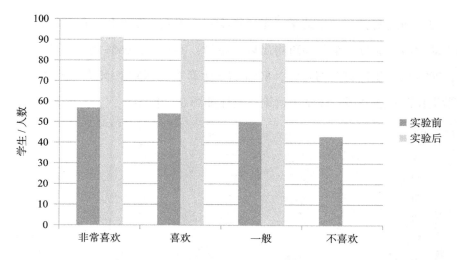

图 3-5　实验前后学生对数学的兴趣

（2）实验前和实验后，学生对课堂活动的态度有了很大提升。实验前学生对学习内容运算律被动接受，基本停留在苦记定律的阶段，实验后运算律教学活动的设计充分挖掘生活资源，使运算律变得生动起来，学生更易理解掌握，保证了数学教学的有效性。学生对课堂活动的态度发生了变化，如图 3-6 所示。

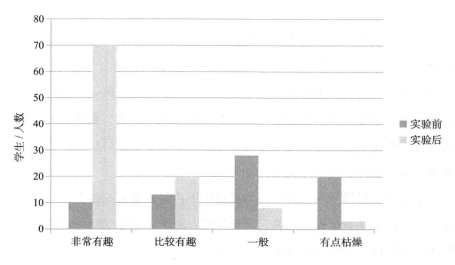

图 3-6　实验前后学生对课堂活动的态度

（3）通过实验，学生的学习态度和学习习惯发生了变化，由被动接受转化为主动学习。通过8个实验班得出以下结论：实验后，96%的学生制订学习目标，90%的学生制订学习计划，87%的学生喜欢在课堂上积极回答问题，85%的学生在课堂上开展合作学习讨论。具体如图3-7所示。

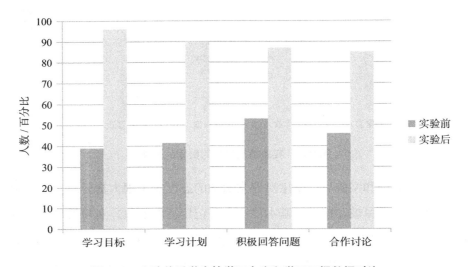

图3-7　实验前后学生的学习态度和学习习惯数据对比

通过一学年来的实践研究，学生整体的数学素养有了一定的提高，主要表现如下：

（1）学会学习。自主学习的能力有所提高，自主提出问题、解决问题的能力有所增强。学生养成了自主学习、合作互助的良好习惯，整体面貌发生了巨大的变化。很多学生都可以做到课前预习、课中思考、课后总结，能提出自己的疑惑，及时跟同学和教师交流。

（2）具有了科学精神。在学习的过程中不再是以前被动接受，教师说什么就是什么，而是具有了理性思维，勇于探究，对于一些数学问题学生也有个性的想法，具有敢于质疑和批判的创新意识。

（3）实践创新能力有所提高。在平时的课堂实践操作过程中，经常会有学生提出新方法，或者做出创意作品，动手能力大大提高了。

（4）在课堂上体会到了数学学习的乐趣，获得了成功的体验。现在学生们对每一节数学课都充满了期待，学习兴趣极高，学习氛围浓厚，他们认为学数学是快乐的，数学课堂是有趣的。

（5）有积极的心理品质，自信自爱，坚韧乐观；有自制力，能调节和管理自己的情绪；学会欣赏别人，向别人学习。

（二）教师方面

通过实验，课题组的教师完成课堂教学任务有明显的提高。实验后，100%的教师出示教学目标，100%的教师喜欢学生在课堂上思考并讨论，90%的教师喜欢学生在课堂上提出质疑并解答，98%的教师使用多媒体上课，100%的教师上课激励和表扬学生。

课题进行这一年来，教师们一起边学习、边总结、边改正、边提高，由最初的接触课题研究，到深入地展开理论学习、教学实践，课题组的每一位教师都深深感觉到自己在理论和业务上比以前有了质的变化。

（1）师生关系更加融洽。一年的实验探索，教师时而是学生的同伴，时而是学生的导师，走近学生、亲近学生，倾听来自学生的声音，了解学生的学习及成长需求，不仅使学生获得了学习的自主权、幸福感，而且实现了人格平等的交往，构建了平等相处、和谐宽松的师生关系。"亲其师，信其道"，融洽的师生关系使教师的教育教学更具说服力，学生学习的积极性、主动性明显提高，班级生活的主人翁责任感明显增强。

（2）增强了教师对教材的使用能力。活用教材，展现自我，对教材的处理、整合能力，以及对教材的开发能力有很大的提高。教师所设计的教案、创设的教学情境、举行的探究活动、设计的经典练习都是非常精彩的，可以推广使用。

（3）教师素养进一步得到提升。通过课题实验，教师间形成了激励碰撞、交流研讨的氛围，促进了教师的理性思考。参与实验的教师在实践中反思、总结自己的研究收获，形成论文、教学随笔、优秀教学案例。在我校举办的"和雅杯"课堂展示活动中，赵晓娜老师执教的"认识正方形、长方形、三角形、圆"、程艳艳老师执教的"解决问题的策略——列举"获得一等奖。范高雅老师执教的"可能性"、毕爱鸽老师执教的"认识11~20"、陈颖颖老师执教的"认识整十数"获得二等奖。在课题进行期间，范高雅、程艳艳老师被评为市级教学能手和区骨干教师，毕爱鸽老师被评为市教坛新秀。

五、课题研究的反思

本课题的研究是基于提升学生核心素养的小学数学本真课堂的实践研究，是指以促进学生核心素养的培育为指导，运用"以人为本"的教学理念，依据学生生理、心理特点和个性认知特点，依据小学数学教学特点与规律，从教学管理、途径、形式、策略评价等方面教学，激发学生学习动力。因此，本课题的研究，需要相关班级、全体教师的共同参与，才能有预期的研究效果。经过一学年的课题研究和实践，虽然取得了不少成就，但是也存在一些问题。

（1）学生的发展不均衡。由于学生的发展程度参差不齐，有的学生在课堂上，自主学习的能力比较强，而有的学生则相对弱一些，以至于课堂的参与度并不均衡。从学生自身的长远发展来看，自主学习能力弱的学生的核心素养的培养其实更为重要。教师要更加关注基础薄弱的学生，多多思考如何提高这些学生的数学素养。

（2）有些教师在实验的过程中不能完全放开手脚，总是有很多顾虑。担心学生参与度高、参与时间长，害怕学生说不到点子上，完成不了教学任务，考试成绩下滑，在矛盾的心理支配下时常走回头路，对实验信心不足；还有的教师过于关注"本真"二字，以至于课堂过于随意，为了追求"原味课堂"忽视了教学任务，所以这个度的把握值得进一步探讨。

（3）课堂教学改革是学校改革的核心问题，学生良好学习方式的养成是关乎学生终身发展的大课题，需要广大教师的努力和家长的支持，我们需进一步更新观念，祛除"高效"的短期效益观，视野更广阔，心态更平和，不过度关注分数；要心中有法，眼中有人，不断总结反思，寻找良策，促使实验取得更好的效果。

📖 参考文献

[1] 中华人民共和国教育部.义务教育数学课程标准（2011 年版）[M].北京：北京师范大学出版社，2012.

[2] 李光杰.核心素养导向下的小学数学教学策略 [J].湖北教育（教育教学），2016（10）：60-61.

[3] 孙勇.基于数学核心素养的本真性课堂教学实践研究 [J].教育文汇，2018（21）：19-21.

[4] 戴华鹏.浅谈构建基于核心素养的小学数学课堂 [J].教育学，2017（112）：10-16.

[5] 张金华.打造"三味"课堂，追求小学数学的本真 [J].数学教学通讯，2018（19）：40-41.

[6] 吴祝高.小学数学"真"课堂的应然追求 [J].基础教育研究，2018（6）：20-22.

第二节　有效提高小学生数学阅读能力的方法研究

小学生数学阅读能力的培养对小学生的数学学习和数学成绩来说都有很重要的影响。但是，在现实的教学中，学生的数学阅读能力培养又往往是最容易被忽视的。根据当今小学生综合素质全面培养的重要举措，结合小学生数学阅读的现状，针对教学中出现的问题，河南省平顶山市卫东区明珠世纪小学就如何帮助小学生掌握正确的阅读方法，提高小学生的数学阅读能力展开研究。课题组教师通过多种形式指导学生开展数学阅读，并根据国家"双减"政策，布置作业时，在给学生留一部分书面作业的基础上，给学生留了预习数学课本、阅读数学名人故事、阅读数学小故事、制作数学手抄报、写数学日记等作业。让学生在阅读过程中掌握适当的阅读方法，在实践活动中感受数学阅读能力的提高，以及数学阅读对理解数学知识、帮助数学学习的作用。

一、课题研究简介

（一）课题名称：有效提高小学生数学阅读能力的方法研究

2021 年 5 月，我们以"有效提高小学生数学阅读能力的方法研究"为题向平顶山市教育局教育教学研究室申请立项，经平顶山市基础教育教学研究室组织专家组评审、核准，于 2021 年 9 月批准立项（课题编号：JYKT2021033）。

（二）课题提出

阅读是人们获取知识的一种基本途径，也是一种学习方式。《义务教育数学课程标准（2011 年版）》中明确提出："数学应注重培养学生包括数学阅读能力、应用能力和探究能力等诸种能力。"

阅读的作用有：传播知识比较快捷、提高理解能力、举例示范、培养认知能力。在数学教学中，大多教师和学生都认为数学就应该是教师多讲、多说，学生多做，把课本当成了教师的讲解材料和学生做题的依据，对课本中的有关内容的阅读不够重视。学生也没有阅读数学课本的习惯，学习中如果遇到问题，总是会直接去问教师，很少通过阅读课本中的有关内容来寻找问题解决的方法。课下也基本没有阅读关于数学知识类读物的习惯。

本课题研究的第一个目的是让学生正确认识数学阅读的作用，有效发挥数学阅读的教学功能。培养和提高学生的自学能力，增强学生独立获取知识的能力。

本课题研究的第二个目的是通过课题研究，让教师体会到阅读数学课本内容的重要性，从而更有效地利用教材；同时在阅读中培养学生自主学习的意识和能力，突出学生的主体地位。

基于以上原因，我们确立了"有效提高小学生数学阅读能力的方法研究"的课题研究，以期能有效地提高小学生数学阅读能力，从而提升小学生数学学习的自主性，培养学生自主理解数学知识、提高数学学习的能力。

（三）课题的界定

（1）"数学阅读"的界定。提起阅读教学，大多教师认为只有语文学科才需要阅读教学。其实，数学作为基础学科，同样也需要阅读教学。

阅读类型不同，阅读活动的目的也不同，因此，需要不同的阅读策略、方法。同时，对阅读的表述方式也不同，如吉布森和列文从一般意义上为阅读下定义，认为"阅读就是从课文中提取意义的过程"。认知心理学家从信息加工的角度为阅读下定义，认为"阅读就是对书面材料的信息加工"。《中国大百科全书（教育卷）》从阅读的过程和阅读的性质对阅读进行阐述，认为"阅读是一种从印的或写的语言符号中取得意义的心理过程。阅读是一种基本的智力技能，这种技能是取得学业成功的先决条件，它是由一系列的过程和行为构成的总和"。教育心理学认为，"数学阅读是阅读者根据已有的知识，在一定阅读动机的驱动下，根据自己的阅读习惯，通过阅读数学当中的材料，把文字语言转化为数学符号语言，从而构建数学意义和方法"。

（2）"数学阅读"的特点。相比大家平时理解的语文阅读，数学阅读有着自身的特点。第一，数学阅读材料，如数学课本，主要由数学语言组成，具有无歧义、简洁的特点。第二，数学当中的阅读材料主要通过归纳和演绎的方法来进行阐述，具有严谨性。

数学阅读的特殊性，决定了数学阅读要求学生要更加认真细致，要求读、写结合，需要记忆重要概念、原理、公式等。因此，数学阅读实质上是一个积极能动的认知过程，通过不断的假设、证明、想象、推理来实现；同时，数学阅读实际上也是一个信息加工过程，是阅读主体对阅读材料的认知、理解、吸收和应用的复杂心智过程，是人们学习数学的一种途径。

（3）"数学阅读能力"的界定。数学阅读能力是一种顺利完成数学阅读任务的复杂的心理特征的总和。主要表现为如下能力：①语言理解能力；②语言转换能力；③语言表述能力；④概括联想能力；⑤有效猜测能力；⑥直觉创新能力。心理学词典上将阅读能力分为四级水平：①字面理解水平；②解释性阅读水平；③评判性阅读水平；④创造性阅读水平。

本课题是有效提高小学生数学阅读能力的方法研究，从学生的实际和教学中出现的问题出发，遵从学生特性，依据学科特点，从课堂管理、课后作业、阅读指导等方面激发学生内驱力学习，激活学生自主性发展，培养并提高学生的数学阅读能力。

（四）国内外相关研究文献综述

"数学阅读"是现今新课程标准提出的一种重要的学习方式。目前，国内外相关文献对它的研究主要集中在其内涵、影响阅读的因素、模式、能力、方法及阅读教学的研究上。

邵光华认为，数学阅读是一个完整的心理活动过程，包含语言符号的感知和认读、对新概念的理解和吸收、对阅读材料的记忆和整理等各种心理活动。同时，它是一个不断假设、证明、想象和推理的积极能动的认知过程。

埃斯蒂认为，数学语言有其自身的特点，与一般语文阅读不同。因为数学语言思考方式与表达形式比较特殊，所以数学阅读能够把读者带到一种抽象的、不同的理解层次上。同时数学语言也有多种不同的形式来表达同一个概念，如图例、定义、公式、字母符号等，但学生必须要具备一定的知识基础才能理解其内涵。

喻平指出，数学阅读的内容，主要包括对课本的阅读、解决问题中的题目的阅读及课外数学材料的阅读。数学阅读的心理过程包括内化、理解、推理与反省四个阶段。

杨红萍认为，数学阅读是从数学阅读材料中获取意义的一种主动的心理认知过程。而要获取意义，需要对字符进行正确编码，对阅读材料中出现的文字、数学符号、图形这三种语言进行正确感知，并且能够对数学阅读材料进行综合理解。

国内部分学者对数学阅读方法进行了初步的研究。胡理华认为对学生数学阅读能力的培养可以分为两个阶段：初级和高级。在初级阶段，学生主要以教师提供的阅读提纲为导引，初步学会读书，并体验列出简单的阅读提纲。而到了高级阶段，学生要学会整理归纳阅读的要点，能够和同伴进行交流与评价，并且学会撰写阅读心得，进一步掌握阅读方法。

　　国内外相关专家对数学阅读教学也进行了关注。邵光华认为根据数学阅读特点，可以用以下阅读策略：根据教学内容确定阅读时机；设置阅读问题，把握阅读重点，解决阅读难点；合理安排时间，留有思考余地；教授阅读技能，提高阅读质量；重视复读，提高阅读概括能力；及时反馈，阅读、讲解相结合；明确阅读意义，提高学生阅读教材的自觉性；巧妙设疑引入，激发阅读兴趣。

　　彼德·富恩特斯认为教给学生的数学知识越多，显然越有利于他们理解数学教学内容。但是作为教师，需要教会学生如何把新知识有组织地储存在长时记忆中，以便于阅读时能很快地提取。研究者同时提出了一些相应的教学策略，如结构纲要法、概念图等。他认为课堂上运用这些策略可以提高学生的阅读理解。

　　综合评价国内外相关研究结果，从总体上看，数学阅读心理学方面的研究成果较多，也有一部分学者对数学与材料中的语言载体进行了实证研究，并得出了一定的结论。这些结论对我们的研究有着一定的指导作用，为我们探索出了许多有价值的教学策略和方法，对学生数学阅读能力的提高起了一定的促进作用。但大多都是较为关注探索阅读心理现象和规律，或者对数学阅读心理活动进行演绎推理，没有一套完整的架构，并且不符合本校学生培育数学阅读方面的现有情况，如不重视数学课本的阅读、推理能力较弱，缺乏教育学生有效进行数学阅读的方法和系统的理论等。因此，我们希望能在前人研究的基础上，探索出一套切实可行的策略，能有效提升小学生的数学阅读能力，使小学生数学阅读能力的培养更有操作性和可行性。

（五）课题研究的理论依据

数学阅读是一种心理体验过程，包含了诸多因素。苏联著名数学教育家斯托利亚尔曾说过："数学教学也就是数学语言的教学。"

新课程标准提出，要注重学生素质教育的提升，培养学生各种能力，主要包含学生阅读能力、数学应用能力、数学探究能力。

加强数学阅读训练，使学生掌握数学阅读的方法，养成良好的阅读习惯，这样学生就会更加主动地阅读。同时，培养了学生阅读能力，就有利于学生去主动学习，能够让学生减少学习中的依赖性，增加学习的独立性，有利于学生主动获取知识、发挥潜能，培养他们发现问题、分析问题、解决问题的能力。

二、研究设计

（一）研究目标

通过研究和实验，摸索出一套提高小学生数学阅读能力的方法和策略，培养学生良好的数学阅读习惯，进而能使学生独立学习、主动获取知识，发挥学生的主观能动性。具体目标如下：

（1）提高教师对小学数学教学中"阅读指导"的研究，提高数学阅读的实效性。

（2）通过重视数学阅读指导，不仅能加强学生自身解决问题的能力，还能培养学生知识的转移能力，而且对于丰富自身数学语言系统有重要意义。

（3）增强学生数学阅读的意识，养成良好的阅读习惯，使学生掌握有效的数学阅读方法。

（4）转变学生的学习方式。过去有的学生在做题时看题不全，误解题目，看到习题就动笔，而新课程标准却强调学生在学习的各个过程中都应仔细阅读，培养学生独立学习的能力。本课题的研究有助于培养小学生的数学阅读能力，有效提高课堂效率。

（二）研究内容

（1）当前小学数学教学中师生使用教材的现状调查研究，提高教师对小学数学教学中"阅读指导"的研究，提高数学阅读的实效性。

（2）通过重视数学阅读指导，不仅能加强学生自身解决问题的能力，还能培养学生知识的转化能力，而且对于丰富自身数学语言系统有重要意义。

（3）指导学生掌握有效的阅读方法，了解小学数学教学中有关数学阅读的实施情况，通过数学阅读能力的培养，提高学生对数学语言的理解能力，解决阅读困难的问题，增强学生数学阅读的意识，养成良好的阅读习惯，使学生掌握有效的数学阅读方法。

（三）研究对象

明珠世纪小学全体学生。

（四）研究方法

本课题具有较强的实践性和推广性，结合学校教学实际，通过实证分析和理性思考，边实践、边研究、边完善、边推广，力求获得研究实效。

（1）调查研究法：用调查问卷的形式来了解目前学生在阅读理解题意环节的习惯；并对结果进行整理、统计和研究；了解学生数学阅读的现状，分析原因、认真研究，得出结论，为下一步研究提供依据。

（2）行动研究法：围绕活动设计目标和内容、不同材料对活动的支持、活动表现方式及指导策略等几个方面开展实践性探究，并进行阶段性反思，以求实践探索与理性思维的有机结合，从而提升课题研究的价值。

（3）文献资料法：学习数学教育相关理论知识及在该领域的研究进程，提高课题研究的科学性与实效性。

（4）经验总结法：对教育实践工作及时地回顾、反思、总结，调整工作思路，使本课题的研究成果能够进行推广，运用到实践当中去。

三、研究步骤

本课题研究时间为一年，共分三个阶段。

（一）第一阶段：准备阶段（2021 年 5 月）

在这个阶段，我们的主要工作是所有课题组成员努力学习相关理论知识，商讨制订研究计划，最终确定课题方案。

（1）努力进行理论知识的学习，提高自身业务水平，用科学的理论为课题提供研究依据。我们课题组全体成员认真阅读学习了《义务教育数学课程标准（2011 年版）》，并查阅相关理论书籍。在平时的教学之余，我们每周四下午还进行教研活动，在教研活动中共同学习理论知识，分享学习心得。

（2）调查、收集相关课题材料，研究人员学习有关资料（包括学习数学课程标准和查阅有关提升小学生阅读能力的相关文献资料）；组织实验人员加强理论学习，树立正确教育观念，提高自觉意识。

（3）调查了解我校课堂教学状况及教学中关于数学阅读教学存在的问题，根据实际情况制订研究方案及研究计划，做好实验准备。

（二）第二阶段：实施阶段（2021 年 6 月—2022 年 2 月）

1.调查现状，进行分析

（1）教师方面：通过和教师座谈、听课等形式发现本校数学阅读教学方面主要有以下几点问题：

①教师对阅读能力认知度不够。由于教师们普遍对数学阅读能力不够重视，认为课堂教学中，教师只需要把数学课本中的相关概念、定义及解决问题的方法教给学生，学生只要认真听讲就好，一切为了考试做准备，并不需要数学阅读能力。若不能改正这种错误观念，提高理论认识，就会在很大程度上阻碍学生提高数学阅读能力，教育创新的效果也大打折扣。

②教师在课堂中对阅读教学不够重视，不是让学生反复读题，边读边思考，再解决问题，而是读一两遍题就让学生列式来解决问题。

③小学生数学阅读教师指导措施不足，课外也没有相应的数学阅读书目、阅读材料推荐。

（2）学生方面：为了使课题研究有效进行，我们在课题实验初期，采用问卷调查与学生座谈相结合的方法，对我校小学生现有数学阅读习惯和阅读现状进行了调查分析。小学生数学阅读方面存在的主要问题表现有以下几点：

①小学生数学阅读量过少。

②题目内容没看清甚至不看题就做题。

③题目看完但并不知道题目是什么意思就动手做。这就导致学生做错题，解决实际问题很困难。

2.探索阅读策略，培养阅读能力

（1）教师关注阅读，潜移默化影响学生。

教师的示范作用对学生有着很强的影响。小学生模仿能力强，教师的示范阅读对小学生的数学语言表述能力有着直接的影响，所以数学教师应该在课堂上进行示范阅读，给学生起到表率的作用。同时，数学教师的阅读示范还对学生形成初步的逻辑思维能力有良好的影响。而现在的数学课堂上，大多数教师基本上是把题目出示出来之后，教师自己范读一遍题目，或者点名读一读题目，便让学生开始做题。俗话说："书读百遍，其义自见。"作为教师，在课堂上给学生做的示范就只是读一遍题目，又怎么能教会学生认真读题呢？学生的理解能力和教师的理解能力是不同的，教师不能认为自己读一遍题就理解题意了，就想当然地认为学生也理解了。有的题目，即使是教师，只读一遍题目也不见得能理解得透彻。教师如果每次多读几遍题目，再指导学生来读题目，那么学生也会从心理上更加重视阅读。

课题组在数学课堂上要求每位教师读题时，自己先示范读一遍，让学生对题目有一个初步的印象，然后让学生自由读题目，读几遍之后，学生已经弄清题中的已知条件和所求问题，接着再让学生说一说数量关系，确定解题的思路，这样学生在"开工"做题后，才能下笔如有神。

例如，在教学苏教版《数学》六年级下册第三单元"圆柱和圆锥"时，练习二有这样一道题："用白铁皮做一根长 2 米，管口直径 0.15 米的圆柱形通风管，至少需要白铁皮多少平方米？"教师先示范读，再让学生反复读题，知道已知条件是什么？问题要求什么？通过分析，首先让学生明白什么是通风管，那么要求圆柱形通风管的表面积就是求几个面的面积？通过引导学生看图和理解"通风管"的含义，得到了一致的想法：通风管的两端是没有底的，因此，只用求圆柱体的侧面积就可以了。对这道题的理解就是在反复阅读题目和教师的引导下完成的。

（2）课内课外相结合，双管齐下培养学生的阅读能力。

在教学中，教师要给学生创造机会，让学生在课堂上充分地阅读；课外时间，教师也要引导学生尽情地阅读，以课内阅读为主，课外阅读为辅，课内阅读和课外阅读相结合，双管齐下培养学生的阅读能力。

①怎样指导学生课内阅读？

教师为学生提供多种阅读材料，培养学生阅读能力。在教学中，教师要尽可能多地给学生提供机会，让学生在课堂上充分地阅读。例如，课本中的试一试及练习题中的基础题，一般都与例题相类似，理解起来较容易，就放手让学生独立读题，多读几遍，自己去理解并解答。

另外，教师还要多为学生提供多种形式的阅读材料。读教师的板书，理解本节课所学的主要内容。例如，在教学三年级"认识一个整体的几分之一"这节课时，通过一系列的操作、比较后得到结论：无论多少个物体，都可以把它们看成一个整体，把一个整体平均分成几份，每份就是它的几分之一。这个结论是本节课的重点内容。教师板书到黑板上后，让学生小声读、点名读、齐读，通过多遍的阅读，理解它的含义。在阅读演示的过程中，理解数学的推理、演绎过程。例如，在教学六年级"圆柱的体积"这节课时，在推导圆柱的体积计算公式时，先把圆柱底面的圆平均分成 16 份，切开后和侧面拼在一起，拼成了一个近似的长方体，并推想如果把圆柱底面的圆平均分成 32 份、64 份……分的份数越多，切开后拼成的物体就越接近长方体。进而探讨拼成的长方体与原来的圆柱之间的关系。首先，拼成的长方体的体积与原来的圆柱体积相等。其次，通过演示可以发现，长方体的底面积与圆柱的底面积是相等的。最后，通过观察，发现长方体的高等于圆柱的高，因此得到圆柱的体积计算公式为：圆柱的体积 = 底面积 × 高。

推导出圆柱的体积公式后，指导学生认真阅读课本 15~16 页的演示推导过程。通过反复阅读，能更深入地理解公式的来历，并在阅读的过程中发展学生的数学语言表达能力，能用数学的名词术语进行表达，对知识进行深层次的理解。

教师为学生提供综合信息材料，培养学生的阅读能力。苏教版《数学》的主题图大多都是图文并茂的，这样学生在阅读时就不能只阅读题目文字，也要认真读图和图中文字，才能获得所需要的全部条件。例如，苏教版小学《数学》三年级上册"两、三位数乘一位数"内容中，主题图的呈现一般都是图文并茂的，有时题目中只有一个问题，但解决问题所需要的条件都在图中呈现，需要学生认真阅读才能获得。学生需要从主题图中读出所需要的数据，那么，这时学生阅读的综合信息就是以图片和文字的形式共同呈现的。这里面不仅仅是数字信息和文字信息，而是为解决问题服务的综合信息。

又例如，教学三年级"长方形和正方形的认识"这一课时，让学生在课堂上通过量一量、折一折、比一比的活动，找到长方形和正方形的特征。为了巩固学生的认识，课堂上教师还带领学生阅读数学绘本故事《折纸的几何》。在阅读中体会课堂上学到的知识，从而加深对知识的理解，也增添了阅读的实用性和趣味性。

再例如，在教学六年级"比"的知识后，联系黄金分割点的知识让学生阅读，不但让学生加深了对"比"的认识，还增加了学生课外知识储备。

②怎样指导课外阅读？

瑞士心理学家让·皮亚杰指出："儿童是在周围环境的影响下，通过主客体的交互作用，获得心理发展的。"因此，教师要给学生留有足够的数学阅读的时间和空间，给学生推荐一些适合的课外阅读材料，在课外阅读的过程中，增强学生自主阅读的主动性，促进学生自身的发展。例如，《趣味数学》《快乐数学》《马小跳玩数学》《小学学生数学报》《数学绘本故事》等课外数学读物都可以推荐给学生，让学生在丰富多彩的课外数学阅读中，把抽象与形象融合起来。把数学与生活融合起来，以此促进学科与学科之间的融合。

在实践中，我们让学生根据自己学习的知识，结合课外阅读的资料，制成丰富多彩的数学小报。结合当前我国"双减"政策的作业要求，我们在布置作业时实行弹性作业，学生可以根据课堂所学知识与生活中的应用相联系，写一写"数学日记"，不但丰富了数学阅读的内容，更能让学生体会到数学与生活的联系，体会到数学"来源于生活，服务于生活"，使学生对数学有更深刻和更全面的理解。

3. 阅读策略细探究，方法引导促提升

（1）激发学生阅读兴趣，以"疑"导读。

兴趣是最好的老师。美国心理学家布杰罗姆·鲁纳说："学习的最好刺激乃是对所学材料的兴趣。"要激发学生的阅读兴趣，可以让学生带着问题去阅读，让学生在阅读中发现问题、提出问题、解决问题。

数学语言简练，叙述严谨。但是对学生来说，阅读数学书上的概念、规律等，就不如阅读语文课本那样有趣，往往会觉得乏味枯燥，并且不容易理解。那么，教师在课堂上要求学生阅读教材，就要先让学生明白为什么要阅读，是为了解决什么问题而读。有了目的再去阅读，学生才能"有的放矢"，才会带着问题去阅读，才能在阅读教材的过程中寻找问题的答案。

教师在课堂中经常让学生带着问题去阅读，时间长了，学生就会慢慢地养成"一边读一边思考"的习惯，从而提高学生的阅读能力。

例如，在教学三年级的"24时计时法"这一课时，教师布置给学生的阅读任务是：了解普通计时法和24时计时法；观察并发现生活中24时计时法的场景；普通计时法和24时计时法怎么转换？计算经过时间的方法有哪些？学生根据教师布置的任务，仔细阅读课本，理解什么是24时计时法，什么是普通计时法，并通过阅读自学计算经过时间的方法。

（2）动手动脑来阅读，以"动"带读。

数学语言有自己的特点，非常简洁。一些数学概念、数量关系通常是隐藏的，因此数学阅读也有其自身的独特性，那就是在阅读过程中，把数学语言转化为学生容易理解的语言形式，这样教师在教学中可以引导学生边读边画，边读边写，边读边做。

例如，在教学四年级"垂线与平行线"中的"画平行线"时，让学生先自己阅读数学课本，自学一遍画平行线的方法，再让学生按书上的步骤自己来画一画。在画的过程中把遇到的问题提出来，全班同学帮助一起解决。这样一边读一边动手，学得更轻松、更透彻，方法也记得更牢。

（3）分类正确阅读，以"类"阅读。

数学课本的内容除了知识的讲解，还有很多的概念、定理、公式及图表等。在数学课中，要让学生能正确阅读以上内容，才能有效掌握数学知识。

①概念的阅读。

阅读数学概念要能够正确理解其中的字、词、句的意思，要能够把概念中的语句转换成数学语言，要能够把一些相近的概念区分开来，了解它的应用范围。课本中的概念一般都不是太难理解。都是以举例子的方法，让学生对概念有一个初步的了解。例如，在苏教版小学《数学》三年级下册第六单元"长方形和正方形的面积"中，对面积含义的解释是：黑板面的大小是黑板面的面积，课桌面的大小是课桌面的面积。学生阅读之后了解了什么是黑板面的面积，什么是课桌面的面积，进而通过思考，也能知道课本中的面积是什么。这就是说，阅读概念要正确理解概念的字、词、句，并能够进行思考，把概念中的语句转换成数学语言，举一反三。

②公式的阅读。

数学公式的阅读，要能够弄明白公式的推导过程，知道公式是怎么来的。了解公式的应用条件，不仅会用公式，还要会公式的逆用等。

例如，小学三年级面积公式运用时，有的题目直接运用长方形和正方形公式就能够算出面积。但是后面的练习题中，也有已知面积和长求宽，或者已知面积和宽求长的题目。这就要求学生能够灵活运用公式，能够逆用公式。

③例题的阅读。

例题是数学学习中非常重要的一项。例题的阅读要能够理解题目里的条件和问题。要认真审题，分析解题的关键所在。还要在学完例题后，进行思考，能够举一反三地运用，这才是读懂了例题。

（4）抓关键词阅读，以"辨"明读。

在解决数学问题时，关键字、词的理解很重要，必须理解准确透彻，才能正确地解决问题。例如，低年级在解决问题时经常会见到"一共""剩下""吃了""走了""又来了"等词语。在阅读的过程中，让学生把这些关键词圈起来，让学生理解这些词语的含义，或者用动作和语言相结合描述一下场景，然后再让学生列式计算。

（三）第三阶段：总结阶段（2022年3月—2022年4月）

（1）总结研究成果，撰写结题报告。

（2）邀请有关专家引领解决实施过程中存在的问题，形成更加有效地提高学生核心素养的研究策略，并对成果进行鉴定。

（3）整理实验教师的教学论文、学生手抄报、学生数学日记等研究成果。

（4）总结经验，进行成果推广。

四、研究成效

在课题组成员的不懈努力下，课题研究取得了较好的效果。

（一）学生方面

1. 学生阅读热情空前高涨

经过课题组的实践，大大提高了学生数学阅读的兴趣，使学生认识到了数学阅读的重要性，改变了以往懒散的学习态度；掌握了正确的数学阅读方法，学会了自己阅读教材、自学教材，学生的学习积极性得到了提高，增强了学生主体地位；通过"让阅读走进数学课堂"的教学模式，学生的自主学习能力得到了加强，学生的思维能力也得到了发展，学习成绩有了明显的进步，学生的语言表达能力也有明显提高，学生的数学阅读能力也得到了很大提升。

例如，六年级二班的齐博骜同学，原来读数学题目时读得磕磕巴巴，一道题读下来，读得支离破碎。经过近一年的数学阅读训练，他读题的能力明显提高，能完整地把题目读下来，并能找到题目中的关键词语，理解题目的能力也较以前有较大提升。

2. 学生养成了良好的自主阅读习惯

通过课内教师的指导阅读和课外学生的自主阅读，学生养成了良好的数学阅读习惯，如阅读概念和课本当中定义的习惯，对书中的重点内容进行圈画的习惯及对重点语句理解的习惯，和生活实际相联系的习惯，课外阅读的习惯等。这些良好阅读习惯的养成，对于提高学生的数学学习能力有很大的帮助。

3. 增长了学生的见识

在阅读课题的开展中，数学课题组开展了丰富多彩的活动，如数学阅读笔记的写作、数学阅读笔记展评活动、数学阅读手抄报活动、数学阅读演讲比赛……学生通过读中思考、思而再写、写而再讲等方式，在活动中开阔了眼界，增长了见识，积累了宝贵的经验，为今后更好地学习数学奠定了基础。

课题组成员通过一系列的实践研究，对班级学生一学年来的数学阅读情况进行了对比，汇总见表 3–1。

表 3–1　实验前后学生学习状况指标对比

测评内容	实验前		实验后	
	人数	占比 /%	人数	占比 /%
1. 你经常进行数学阅读吗？	583	72	732	91.5
2. 你对数学阅读感兴趣吗？	603	75	754	94.2
3. 在这一学年的数学阅读过程中，你的收获大吗？	568	71	726	90.8
4. 你在数学阅读中感受到乐趣了吗？	556	69	778	89.5
5. 你会主动进行数学阅读吗？	668	71	810	94.2

（二）教师方面

通过一学年的研讨与实践，教师们翻阅资料、集中学习、积极探索、不断实践，从学生的实际出发，从数学课堂阅读的实际情况出发，激发学生参与数学阅读的兴趣；为提高学生数学阅读能力做了很多有益的探索，为切实提高学生数学阅读能力、提高小学生的综合素质做了多方面的努力，也取得了很好的成绩。

课题进行这一年来，课题组教师边学习、边总结、边改正、边提高，由最初的接触课题、研究课题，到深入地开展理论学习、教学实践，课题组的每一位教师都深深地感觉到自己在理论和业务上比以前有了很大的提高。

1. 教师的教学观念得到转变，优化了数学阅读教学

经过了一系列的理论学习与实践，教师改变了传统的教学观念，走出了阅读教学误区，开始在自己的课堂教学中重视数学阅读教学，并引导学生自主进行课外数学阅读，提高了阅读教学的成效，同时也提高了自身阅读教学的能力。

2. 师生关系更加融洽

一年的实验探索，教师时而是学生的同伴，时而是学生的导师，走近学

生、倾听学生，从学生的实际出发，了解学生的现状和需求，使学生在实践中获得了成长，学习更有自主性，形成了平等和谐的师生关系，学生进行数学阅读、学习数学的积极性明显提高。

3.教师素养进一步得到提升

通过课题实验，教师间形成了激励、研讨、交流的氛围，更新了教学理念，改善了教学手段，提升了教学效果，教师的专业素质和业务水平得到了提升，促进了教师的成长。参与实验的教师在实践中反思、总结自己的研究收获，形成论文、教学随笔等。在我校举办的"和雅杯"课堂展示活动中，赵晓娜老师执教的"认识正方形、长方形、三角形、圆"、程艳艳老师执教的"三角板中的数学智慧"获得一等奖；毕爱鸽老师执教的"认识一个整体的几分之一"、陈颖颖老师执教的"认识线段"获得二等奖；赵晓娜老师的"浅谈在课堂中如何提高学生的阅读能力"、毕爱歌老师的"论小学生数学阅读能力的培养"、刘亚粉老师的"浅议在课堂中如何提高学生的数学阅读能力"获得校级评比一等奖。

（三）研究探索出指导和培养学生数学阅读能力的具体方法

1.问题引领

学贵有疑，数学就是科学地解决问题。数学知识、方法、技能都是在解决问题的过程中形成的。数学课本的阅读，就是要让学生带着问题，在课本中寻找解决问题的途径和方法，让学生有目的地去阅读，提高其阅读实效。

2.比较阅读

数学知识需要精读和细读，而不能粗读和略读。数学阅读中，指导学生把内容或形式相近的或相对的，对比着进行阅读。在阅读过程中将其有关内容、过程、方法不断进行对照、比较和鉴别，明晰其中的相同点和不同点，这样可以让学生思维更活跃，使认识更加充分、深刻，又可以看到差别，把握特点。

3. 阅读笔记

有阅读有笔记，要求学生做好数学阅读笔记，在笔记中标记阅读中的重点知识、概念、关键词句；在阅读中遇见疑难问题，随时摘抄下来，以便明白自身存在的不足，继而找出针对性的解决策略；经过笔记整理，对所学知识进一步地梳理，初步发现数学知识间存在的一些脉络，更好地构建数学知识结构；记录数学阅读中的一些发现和感触，有所感，就有所悟。

4. 课内课外阅读双管齐下

课堂上尽量让学生充分进行阅读，课外教师也要引导学生尽情地阅读。这样促进了教师和学生素质的提高，推动了学校的各项工作，提高了学生的数学阅读能力和语言交往能力，班级学生在各级各类竞赛中也捷报频传。根据学生的阅读能力，教师适时在班级里开展讲数学故事、写数学日记、做数学手抄报等活动，这样极大激发了学生阅读的兴趣。

五、课题研究的反思

本课题的研究是为了有效提高小学生的阅读能力，是以提高小学生数学阅读能力为指导，运用"以人为本"的教学理念，依据本校小学课堂中存在的问题及数学阅读的现状进行探究。因此，本课题的研究，需要相关班级及全体教师的共同参与，才能有预期的研究效果。经过一学年的课题研究和实践，虽然取得了不少成就，但是也存在一些问题。

（1）课堂上，教师尽量让学生多读、乐读，并教给学生阅读的方法。但是，有时迫于课时的压力，只能精选个别题目或内容，让学生多读，多体会。这也是在现实教学中实际存在的问题。今后的实践中，还应多多思考如何提高课堂阅读效率。

（2）学生的发展不均衡。由于学生自身的程度不同，存在着差异，因此在实际的实践过程中也存在着学生数学阅读能力提升程度存在较大差异的情况。部分学生的数学阅读能力仍不容乐观，教师要更加关注这部分学生的现状，多给予这些基础薄弱的学生更多的关心和帮助，多思考这部分学生的数学阅读能力怎样提高，不断反思，寻找良策，促使实验探究取得更好的效果。

📖 **参考文献**

[1] 中华人民共和国教育部 . 义务教育数学课程标准（2021 年版）[M]. 北京：北京师范大学出版集团，2021.

[2] 苏霍姆林斯基 . 给教师的建议 [M]. 杜殿坤，编译 . 北京：教育科学出版社，1984.

[3] 喻平 . 数学教育心理学 [M]. 南宁：广西教育出版社，2015.

[4] 杨红萍 . 数学阅读及其教学研究 [D]. 南京：南京师范大学，2010.

[5] 胡理华 . 浅谈培养学生数学阅读能力 [J]. 数学通报，1999（8）：7-8，18.

[6] 厉小康 . 数学阅读能力的培养研究 [J]. 数学教育学报，2004（2）：89-92.

[7] 郭刘龙 . 数学阅读能力探析 [J]. 教学与管理，2004（27）：66-67.

[8] 张晚籽 . 如何帮助学生进行数学阅读 [J]. 教学与管理，2005（9）：53-54.

第三节　思维导图在小学数学教学中的应用研究

思维导图作为一种思维可视化工具，能够有效培养和提升个体的思维能力。本课题以思维导图在小学数学教学中的应用为研究对象，以现代教育理论、学生身心发展规律和学生的实际情况（包括自身年龄、认知水平等）为支撑，通过各种渠道对小学阶段思维导图的应用现状及原因等进行分析与研究，提出思维导图在小学数学教学中应用的优化策略，提高了学生的学习兴趣和学习效率，促进了学生学科素养与学习能力的综合发展，全面提升了教育教学质量。

一、课题研究的背景及意义

（一）研究背景

1. 时代发展的需要

当前正处于信息大爆炸的时代，人们获取信息的方法、途径越来越多，信息获取越来越便捷，伴随而来的是所接收的信息越来越繁杂，因此需要人们具有一定的信息筛选和处理能力。小学生正处于人生的初始阶段，思维发展水平也正处于初始阶段，思维导图能够帮助学生分清主要信息和次要信息，促进小学生思维发展，从而使小学生在未来的生活和学习中能够更加高效。

2. 小学数学课程标准和数学教学发展的要求

《义务教育数学课程标准（2011年版）》中明确提出把学生数学素养、应用意识和创新意识培养作为课程教学的重点。数学素养的提升能够促进学生形成数学思想和课程学习动力，而数学体验又是数学素养培养的重要前提和方法，也就是在数学计算中能够进行简单的收集分析数学信息、能够在生活中应用数学知识分析和解决问题，在数学学习中体会兴趣和价值。小学数学教学的目标在于让学生通过数学学习从数学角度认识世界、发现和解决问题，而思维导图能够帮助学生清晰表达思考过程，有利于教学活动的顺利开展。

3. 小学生正处于认知能力发展的初级阶段

小学生认知发展水平尚处于初级阶段，知识储备不足，观察能力、总结归纳能力、知识结构梳理提炼能力处于较低水平。面对稍微复杂一些的数学知识和数学问题，往往不知道从何处入手，对数学学习的重点、难点不易把握而且理解不透彻，对数学知识点之间隐形联系认识不清，很难独自依靠理解构建起系统化的数学知识体系。在数学教学中，学生在教师的引导下通过绘制思维导图，由点到线、由线到网，逐步建立起小学数学知识结构。

（二）研究意义

（1）思维导图能够为小学生提供一种新的学习方式。思维导图建立在认知主义学习理论基础之上，与小学生的认知结构相符合。思维导图在小学教学应用中能够将所学的知识由一点发散开来，将各条知识线索利用不同的线条、颜色构成一个网状联系，进而通过这些网状链接构成学生的记忆联系，构成学生自己的知识库。除此之外，绘制思维导图还可以培养学生的统筹组织能力。

（2）思维导图能够培养和提升学生的自主学习能力。学生通过绘制思维导图，探究知识规律和知识点之间的相互联系，形成思维认知结构，提升信息收集处理、问题分析解决的能力。除此之外，还能获取交流合作的同伴精神。具体到数学学科，则是能够提高数学知识理解、数学问题解题的能力，帮助数学思维较为薄弱的学生学习数学更为容易、轻松。

二、核心概念的界定

思维导图：在很多文献中又被称为心智图，指利用节点、连线、图像及色彩等将发散性思维表达出来的工具，简单来说就是将人脑思维过程外显化、形象化和具体化的工具。

思维导图在小学数学教学中的应用：在本课题中指教师通过运用符号、图像、文字及颜色等信息将数学知识以图文的形式展现出来，以此来实现对数学知识的整理和复习，目的是促进学生对数学知识有一个完整的体系性的认识。

三、理论依据

（一）脑科学理论

现代科学研究表明，人类大脑神经是一个网状的神经元，大脑思维也是呈现发散性的网状图形。而且实验研究表明，人类大脑分为左脑和右脑，左脑主要负责语言、计算及逻辑推理等功能，右脑主要负责想象、创造及形象思维等功能。因此，如果能够将左脑与右脑结合起来共同作用，则能够最有效率地激发大脑潜能。思维导图正是利用"左脑＋右脑"的思维模式，促进大脑平衡发展。

（二）知识可视化理论

知识可视化是指利用各种图形化的方式来构建和传达复杂知识。与抽象的知识语言相比，视觉符号更有利于快速识别。正所谓"一图胜千言"，以视觉符号的形式图解知识，加以恰当的文字作为补充，能够帮助个体有效地重构、记忆和应用知识。思维导图则能够为数学知识可视化提供一种呈现手段，在将数学隐性知识显性化、数学思维过程可视化方面具有得天独厚的优势。

四、课题的研究目标

（1）通过课题研究，加深教师对数学思维导图的认识，提高教师教学理论水平，增强教师的教科研意识。

（2）通过课题研究，进一步分析思维导图在当前小学数学教学应用中存在的问题和原因，进而通过研究实践探索出思维导图在小学数学教学应用中的优化策略。

（3）通过课题研究，进一步优化课堂模式，促进高效课堂的构建。

（4）通过课题研究，丰富数学思维导图研究方面的理论与经验。

五、课题的研究内容

依据研究目标，结合教学实际，并参考已有的研究成果，确定了课题研究的主要内容。

（1）采用实证调查的方式，对当前思维导图在小学数学教学中应用情况进行翔实、深入的调查，梳理出思维导图在小学数学教学应用中存在的突出的、普遍性的问题，并从不同方面对问题产生的原因进行分析。

（2）在充分实践调研的基础上，课题组针对现阶段思维导图在小学数学教学应用中存在的问题，借鉴已有研究成果中的有效经验，通过对实践的相关数据进行反复对比、研究论证，提出思维导图在小学数学教学中应用的优化策略。

（3）在找到相对应的策略方案后，从学校到教师到学生多个层面积极实施，不断整合实施的效果，对理论策略不断进行修订完善，使理论研究和教学实践有机结合，更好地服务于教学。

（4）深入推进思维导图在小学数学教学中的应用，开发思维导图教学应用模式，大面积提高学生数学学习质量。

六、研究方法

（1）行动研究法：将教研活动与教师日常教学实践紧密联系，发掘问题、分析原因、研究对策、运用反馈。

（2）文献研究法：其作为本课题重要的研究方法之一，以思维导图在小学数学教学中的应用研究为主要立足点，全面收集和整理相关研究文献，充分认识思维导图在小学数学教学中的应用现状、形成原因及对策等问题，为课题研究提供丰富的文献资料。

（3）调查研究法：通过问卷调查等方式全面了解当前小学数学教学中应用思维导图的现状、影响的因素，以及运用思维导图可能对学生产生的影响，为本课题的研究提供实践的数据，使本课题研究的操作性和针对性更强。

（4）对比研究法：通过同课异构的方法，将水平相当的班级学生进行比较，通过不断的对比论证，归纳实施方法的科学性和有效性。

（5）案例研究法：收集典型的数学课堂教学案例，运用课堂教学案例不断总结反思，不断进行研究分析。

（6）经验总结法：总结研究过程中的有效经验，并提炼升华、总结概括。

七、研究步骤

（一）第一阶段：研究准备阶段（2019 年 5—8 月）

1. 制订课题实施方案和研究制度

确立课题名称，成立课题组，进行课题立项。结合我校情况，在了解学生的基础上通过分析研究，制订具体可行的课题研究方案，明确课题参与人员的职责，对课题组成员进行培训；研究制订课题研究制度，制订各项工作管理评价制度与措施；落实好课题研究的经费保障及各种硬件与软件，为本课题的实施提供人力资源和物质资源保障，确保课题研究能够按照研究计划保质保量完成研究任务。

2. 相关文献的收集、整理及分析

收集整理国内外关于思维导图应用于教育领域的相关资料，包括各种数据库中的相关研究论文，并查阅国外的内容相关的研究成果。对所收集的文献按照研究方向、研究内容及研究结论进行整理和分析，为课题研究提供方法借鉴和理论依据。

（二）第二阶段：研究实施阶段（2019 年 9 月—2021 年 2 月）

该阶段是对课题研究的深入推进阶段。主要工作是依据课题研究方案，撰写开题报告，认真做好研究工作，形成中期研究报告，确保研究的每一环节都扎实有序，稳步发展，在实践中发展理论，促进科研成果转化为实践活动。

（1）开展理论研究。分析研究已有的相关研究成果，开展思维导图概念、特点及应用方法和相关理论研究。

（2）开展调研活动，针对现阶段小学数学教学中应用思维导图的情况进行调查，选取本校学生作为调查对象。参考已有的调查问卷的设计，依据本课题研究所需要了解的相关内容，完善《思维导图在小学数学中应用情况调查表》和访谈提纲；确定调查对象，展开实地调研、收集相关的数据，记录调查结果。

（3）统计调查结果，分析问题原因。对调查及访谈所获取的资料进行整理汇总，对相关的数据开始统计和分析，对现阶段思维导图在小学数学教学中的应用情况进行总结，找出目前思维导图在小学数学教学的应用中存在的问题，并从教师传统教学观念、缺少专业培训、学生自身和思维导图自身四个方面对问题产生的原因进行分析。

（4）结合前期调查思维导图在小学数学教学应用中出现的问题和原因分析，借鉴已有成果中的应用方式，结合小学数学知识特点和小学生认知发展水平，在反复实践总结的基础上，在有关专家的指导下，提出一套与实际情况相适应且行之有效的思维导图在小学数学教学中的应用策略。

（三）第三阶段：课题实践总结阶段（2021年3—5月）

该阶段为课题总结经验、汇集研究材料、撰写结题报告的总结阶段，主要任务是撰写课题研究总结报告，同时汇集论文、课例、研究活动图片等材料。

（1）收集整理实验资料，撰写论文。

（2）撰写结题报告，收集材料。

（3）推广实施课题研究成果。

八、研究措施

（一）建立课题研究队伍和制订课题研究制度

首先，要成立由校领导牵头、相关科室负责人参加的课题研究领导小组，负责为课题研究提供各方面保障，确保课题研究不因缺钱缺物而影响进度。其次，要挑选精兵强将，课题组成员组成既要有拥有丰富经验的中年教师，又要有年富力强勇于创新的青年骨干教师，形成具有多学科背景的研究团队。最后，学校领导和课题组成员要共同制订课题研究制度，课题组成员要切实遵守课题研究制度，课题组成员定期进行学习、集体培训和集体讨论，既要项目责任落实到人，又要成员之间通力合作。

（二）学习相关理论、夯实研究基础

自课题研究起，课题组成员以学习教育理论和相关教育专著为契机，每周二、周五下午集中学习，通过不断查阅资料、观看教学视频、经典案例分析等

方式进行学习课题研究的方法和理论知识，撰写读书笔记、学习心得等，为课题研究奠定坚实基础。

课题组成员通过交流研讨初步掌握了教育科研方法，以及该课题已有研究成果，并根据学校实际制订了课题研究的可行性方案。

（三）统揽全局，明确方向

为了使课题研究更有针对性，课题组成员制订了具体的课题研究方案，明确研究方向和具体分工，明确工作职责；制订了课题管理评价制度与措施，落实了课题研究所需的物资及经费等，为本课题研究做好各种准备工作。

（四）开展问卷调查活动

开展问卷调查活动是全面了解师生教学活动中的应用思维导图现状的重要手段，能够帮助课题组深入了解师生对思维导图的认知及原因，能够为课题组开展研究提供重要参考依据。因此，课题组精心编制问卷，依照程序顺利进行，取得了应有效果。

本次调查问卷采用无记名方式，调查问卷的对象为教师和学生。活动中，课题组向受测者详细进行了问卷说明，阐明了调查的目的，然后组织师生认真作答。课题组在收回问卷后组织人员对问卷结果进行统计、筛查，得到了有效数据，取得了预期效果。

（五）联系实际开展实践活动

本课题研究以"实践应用为主，理论提升为辅"为原则。因此，课题组在实施过程中要紧紧围绕"思维导图在小学数学教学中的应用"这一根本任务，从实践中找问题，通过理论和实践相结合研究问题，解决问题。根据课题研究实施步骤，课题组每周召开一次交流会，在交流会中每一个课题组成员对自己所负责的研究内容进行汇报，讲解所负责内容的推进情况，已取得的研究成果和遇到的困难。汇报结束后大家要对研究中的得与失进行讨论并给出合理化的建议。对课题研究采用"讨论—总结—学习—提升"这一过程进行循环，提升了课题组科研能力。

（六）研学结合，集思广益

课题组成员在研究过程中及时将研究心得、感悟与他人进行沟通交流、展示，提炼阶段性成果，撰写论文、教育随笔等材料，并在校内、校外进行成果展示交流，扩大研究成果的应用范围，集思广益，广泛征求意见，不断提升研究的质量。

（七）专家指导，提炼升华

课题组在研究过程中，定期邀请相关专家、骨干教师对课题研究工作进行跟踪指导，引领课题组成员对研究不断进行深入剖析，总结和提炼研究过程中的精华，对研究成果不断进行升华。

九、课题的研究成果

（一）促进了师生关系的和谐

课题组教师在尊重学生意愿的基础上，平等对待参与实验的每一位学生，构建了融洽、民主、平等、和谐的师生关系。通过开展一帮一互助、建立兴趣小组等形式的培优补差，最大限度地调动了学生学习应用思维导图的兴趣，学生的主体作用充分发挥，合作学习意识及自信心显著增强，培养了学生的探究精神和创新精神，提高了学习质量，促进了学生综合素质的提升。

（二）提高了学生的学习成绩

教学质量是学校工作的生命线。本课题研究的初衷就是为了全面提升我校的数学教学质量，从而推动学校整体教学质量的提升。课题研究伊始，课题组积极开展课堂实践，并配合学校开展有益于学生发展的各项活动，先后组织不同层次的学生参加了"思维导图设计比赛""演讲比赛""学科素养比赛""科技创新比赛"等活动。通过活动，各层次学生均能根据自己的兴趣特长踊跃参与，自身价值得以充分展现，自信心、上进心显著增强，学习劲头空前高涨。从成绩对比来看，参与实验的班级数学成绩明显提升，整体成绩也有大幅度提高。

（三）提升了教师的业务水平和研究能力

课题组结合数学学科特点，将思维导图与数学方法、数学体验结合起来，在学习的全过程（包括学前预习、课堂学习、课后复习）中合理运用思维导图，打造了高效课堂，提升了教师对思维导图的应用能力；同时，通过开展专业培训、开展教研实践活动等途径，影响和带动了其他教师，学校教师的业务水平、研究能力显著提升。

（四）强化了教师的科研意识及协作意识

本课题的研究，促使参与教师不间断进行文献阅读、学习交流、研讨总结，教师的理论水平及专业素养显著提升，为打造数学教学的高效课堂、提高数学学科教学质量奠定了坚实基础。同时，通过研究，教师的科研意识、团结协作意识及研究能力、沟通协调能力、师德水平等得到进一步加强，团队精神和凝聚力更加突出。

（五）推动了学校教育科研事业的良性发展

本课题研究的顺利开展，对我校教育科研事业的发展有着重要的推动意义。近年来，我校狠抓课题研究工作，已有多项课题顺利结题。《思维导图在小学数学教学中的应用研究》推动了思维导图在我校多学科课堂教学中的应用，为英语等学科开展思维导图教学奠定了基础，有力推动了我校的教育科研工作的良性发展。

十、存在问题及今后努力方向

本课题自最初的申报立项，到过程的顺利实施，再到最后的筹备结题，各阶段工作都紧张有序地开展，这得益于学校领导的大力支持和课题组成员的共同努力。本课题经过近两年的研究，虽提出了思维导图在小学数学教学中的一些具体应用策略并在实际应用中取得了一定成绩，提升了学校的教育教学质量，但由于教师能力水平等诸多因素会对思维导图在小学数学教学中应用的效果产生影响，课题组对思维导图在课堂教学应用中的一些深层次问题研究还不全面；另外，课题组提出的思维导图在小学数学教学中的应用策略虽已开始大面积推广使用并初见成效，但其长期效果还需进一步检验。

在今后的教育教学过程中，本课题组全体成员将继续脚踏实地，不断反思、不断总结、持续完善充实研究成果，并付诸更多实践当中，力争取得更优异的成绩。

📖 参考文献

[1] 赵玉梅.建构数学深度学习三大"真学支架"[J].教学与管理，2020（8）：51-54.

[2] 李中国，郑玲玲.思维导图在小学数学复习课中的应用[J].教学与管理，2019（32）：46-48.

[3] 林芳.思维导图助推学生思维力[J].思想政治课教学，2019（10）：31-34.

[4] 王丽.将思维导图融入教学的尝试[J].中学政治教学参考，2019（20）：40-41.

[5] 陆彩萍.思维导图让小学生会写、爱写[J].人民教育，2019（10）：67-70.

[6] 张静.重塑数学教学板书的价值[J].教学与管理，2018（14）：32-33.

[7] 谢志芳.思维导图引入初中数学课堂教学探究——评《初中数学课例研究与典型课评析》[J].中国教育学刊，2018（4）：147.

[8] 张丽萍，葛福鸿.运用思维导图工具培养数学思维品质的研究[J].教学与管理，2015（27）：106-108.

[9] 端木钰.小学生数学学习力：一种基于发散性思维的理解与诠释[J].当代教育科学，2013（16）：57-59.

[10] 商庆平.基于思维导图支架的数学概念可视化研究[J].教学与管理，2013（1）：63-65.

第四节 小学数学在综合与实践中培养学生应用意识的研究

本课题通过问卷访谈的方式了解当前小学数学综合与实践课程在实施过程中存在的问题，根据调查分析的结果并结合我校"和乐五环"的教学模式提出适合综合与实践活动课程的教学模式。在实施过程中通过充分做好课前准备、精心组织实践活动、回顾反思实践过程、设计各种"实践作业"、以社团形式丰富实践内容等措施来提高学生的应用意识。

一、课题的提出

《义务教育数学课程标准（2011年版）》中明确指出：在每个阶段，课程内容安排为"数与代数""图形与几何""统计与概率""综合与实践"四个部分。其中，"综合与实践"内容进行设置的目的在于培养学生发现现实生活中的问题，同时可以把这些问题从数学的角度进行分析并且得到解决的能力。"综合与实践"的教学活动每学期至少要开展一次，可以在课堂教学中完成，也可以把课内和课外结合起来进行开展。但是数学课程标准提倡把这种教育教学内容形式体现在日常的教学实践活动中，这对于数学综合实践课的地位与意义阐释得非常明确，可在实际课堂教学中，由于传统教学工作任务繁重、综合实践课"难于操作"、教师对综合实践课的错误认知等原因，教学中忽略综合实践课或者轻轻带过的事情常常发生。针对这样的现状，我们对小学综合实践课进行了调查研究。

二、课题中概念的界定

综合与实践：是小学数学课程内容的四个部分之一，它是"数与代数"

"空间与图形""统计与概率"的整合。它以学生的生活经验和学习经验为基础，强调学生的自主参与和实践操作，倡导学生综合运用所学知识去经历探究等实践过程，是学生掌握数学基本知识和基本技能、提高数学核心素养的课程。

应用意识：有两个方面的含义，一方面是培养学生用数学的视角理解和解释具体实际情境中的数学现象和数学问题的意识；另一方面，培养学生主动运用数学知识和数学技能去解决实际问题的意识。体会到数学在生活中的广泛应用，感悟数学在帮助我们认识世界和改造世界中的作用，肯定数学的价值，最终增强应用数学的能力。

三、课题研究的意义

随着中国现代社会的快速发展，应用数学和数学教学应用得到了迅猛的发展，数学几乎渗透到每一个学科领域及人们生活的方方面面。学习数学的一个重要目的是用数学服务生活，用数学知识解决日常生活和工作学习中的实际问题。可是在传统数学教学中，教师过分重视数学知识和基本技能的传授，而忽视了学生数学应用能力的培养，造成了学生"高分低能"的现象，也就是学生只是机械地记住了数学知识，而不能灵活地运用数学知识解决实际问题的情况。学生一旦走上社会，很难适应社会的需要。基于此，我们目前的数学课堂教学必须重视数学知识在实际生活中的应用，给学生创设尽可能多的实践机会，让学生在解决实际问题的过程中，逐步形成数学应用意识和培养初步应用数学解决问题的能力。

苏联数学教育家斯托利亚尔认为，一个比较完整的数学教学活动可分为经验材料的数学组织化、数学材料的逻辑组织化、数学理论的应用三个发展阶段。荷兰数学家弗赖登塔尔说："学习数学唯一正确的方法就是实行再创造""数学来源于现实，也必须根植于现实，应用于现实"。《义务教育数学课程标准（2011 年版）》明确指出：在整个数学教育的过程中都应该培养学生的应用意识，综合实践活动是实现这个目标很好的载体。综合与实践领域很好地把现实生活中的数学与课堂教学联系了起来，推动"数与代数""图形与几何""统计与概率"等内容形成一个有机整体，使培养学生应用意识成为必须学习的内容和必备的数学素养。在整个数学教育过程中，要培养学生的应用意识，综合实践活动是培养应用意识良好的载体。

综合与实践是数学课程改革中发展起来的具有特色的新领域。它除了强调数学知识本身外，还需要学生的动手实践、实验研究等实践活动，强调将"数与代数""图形与几何""统计与概率"三个领域用综合和实践的方式开展教学，再结合学生的生活和学习经验，把学科与经验有机整合，使学生在实践活动中不断积累经验，更新经验，获得知识的同时提高发现问题、分析问题和解决问题的能力。可是在实际的数学课堂教学中，综合与实践这一领域没有得到广大数学教师的重视，没有发挥其应有的作用。因此，重视学生综合与实践领域的教学，通过综合实践活动培养学生应用意识和能力的研究有着重要的理论与现实意义。

四、课题研究的目标

（1）通过数学"综合与实践"课的开展，探寻符合认知规律，学生喜闻乐见的教学方法和策略，在我校"和乐五环"教学模式的基础上，形成"综合与实践"的教学模式。

（2）运用"综合与实践"课的教学模式进行教育教学，培养学生的应用意识和能力。

五、课题研究的内容

（1）完善我校数学"综合与实践"课的教学模式。

（2）通过"综合与实践"课的教学，探索出培养学生应用意识的策略。

六、课题研究的方法、途径

（一）本课题研究的方法

本课题遵循定性研究与定量研究相结合的原则，主要采用问卷调查法、行动研究法、文献法、经验总结法等方法。

1. 问卷调查法

利用问卷调查等形式对学生进行"综合与实践"课开展情况和教学效果的调查，为课题研究提供依据。

2. 行动研究法

首先，制订课题研究的计划；其次，按计划进行实践，通过数学课程教学与社团活动相结合，对教师和学生的调查跟踪、评价建议，及时反思和调整；最后，对实验进行反思，总结与方案制订和实施计划有关的观察和感受，对行动过程进行评价，找出问题，为下阶段的计划提供修正意见。

3. 文献法

收集国内外相关的先进理论，为本课题研究提供理论支持。

4. 经验总结法

教师就自己工作开展"综合与实践"活动的教学经验进行分析总结，得出规律性认识并上升到一定理论高度，形成数学"综合与实践"活动的教学模式。

（二）本课题研究的途径

（1）对相关的教育理论进行系统的学习，认真阅读他人的经验性文章和学习一些相关的专著，在学习中提高认识，在学习中转变陈旧的观念。

（2）通过阅读有关数学综合实践活动的著作，积极地进行课堂教学实践，与同行进行交流探讨、听取专家的讲课、多让同行对成员的课例进行评价，努力提高自身的教育教学专业素养。花大量时间，投入足够精力去系统学习数学综合实践活动的知识，提高教师对综合实践教学活动的理解深度，在实践中不断探索在数学综合实践活动中提高学生应用意识的策略。

（3）认真做好课前准备、精心设计教学环节，力争每个学生在活动中都有所提高。

（4）不仅要关注课题研究结果，还应及时收集过程性资料并加以整理，主动与全组成员一起探讨成败得失，提高研究能力和水平。

七、课题研究的主要过程

（一）课题研究的准备阶段

1. 确定研究对象

本课题确定河南省平顶山市××区××小学一年级到六年级的学生为研究对象。

2. 梳理一至六年级的"综合实践活动"课

苏教版教材从一年级就安排有"综合与实践"活动。一至五年级各四个，六年级共五个。具体见表3-2。

表3-2 "综合与实践"活动

一年级	上册	有趣的拼搭　丰收的果园
	下册	我们认识的数　小小商店
二年级	上册	有趣的七巧板　我们身体上的"尺"
	下册	测定方向　了解你的好朋友
三年级	上册	周长是多少　多彩的"分数条"
	下册	算"24点"　上学时间
四年级	上册	运动与身体变化　怎样滚得远
	下册	一亿有多大　数字与信息
五年级	上册	校园绿地面积　班级联欢会
	下册	蒜叶的生长　球的反弹高度
六年级	上册	树叶中的比　互联网的普及
	下册	大树有多高　制订旅游计划　绘制平面图

我们确定以小学数学"综合与实践"课为核心，以社团活动为补充开展教学活动进行研究。课题组成员 1 负责一、二年级的课例研究，成员 2 负责三、四年级的课例研究，成员 3 负责五、六年级的课例研究，然后再汇总交流，形成提高学生应用意识的教学策略。

3. 培训教师，提高教师的理论素养

课题研究过程注重教师的学习、培训和提高，我们计划有目的、有步骤地安排实验教师学习相关理论知识。先后组织教师学习或自学了《义务教育数学课程标准（2011 年版）》、史宁中教授主编的《义务教育数学课程标准（2011 年版）解读》，王光明、范文贵主编的《新版课程标准解析与教学指导　小学数学》，李宁的《陪学生一起做研究：小学数学综合实践活动探索》，黄爱华主编的《名师新课标落实艺术：小学数学综合与实践卷》等理论书籍。要求课题组成员写出读书笔记及心得体会，在课题组研讨会上交流，帮助课题组教师树立正确的学习观和教育观，掌握基本的综合与实践教学活动的技能，以保证实验能顺利进行。

4. 通过问卷调查及访谈了解我校"综合与实践"课的开展情况

经过组内分工，六位组员分成三组，分别对本校一至六年级的学生和数学教师进行调查。此次共调查数学教师 25 人，发出问卷 25 份，收回 21 份。调查学生 300 人，收回 247 份。

通过问卷，我们对教师在安排"综合与实践"课的次数、对"综合与实践"课的理解等方面进行调查，对学生在"综合与实践"课的参与情况、课前准备情况、与同学的合作情况等方面进行了调查。课题组成员对一些重点问题进行了数据统计，分析如下：

对于教师问卷的第 2 题：你们一学期的数学教学安排多少次"综合与实践"课的教学？问卷结果反馈：1~2 次（73%）；3~5 次（18%）；5 次以上（9%）。

对于教师问卷第 3 题：您认为数学"综合与实践"课是怎样的课程？问卷结果反馈：一门国家必修课（46%）；一般活动课（36%）；第二课堂（18%）；

团队活动（0）。

对于教师问卷第 4 题：您设计"综合与实践"课的教学内容主要来源？问卷结果反馈：教材与教参（45%）；学生课堂疑惑（25%）；教师的教学困惑（10%）；学生感兴趣的东西（20%）。

对于教师问卷第 8 题：您在实施"综合与实践"课时遇到的最大困难是什么？问卷结果反馈：活动内容开发，设计的难度大（40%）；实际操作难度大（30%）；教材适用性问题（20%）；学生的安全问题（10%）。

对于学生问卷的第 2 题：你觉得学习数学"综合与实践"课怎么样？调查结果反馈：有兴趣（94%）；不知道与课本知识的联系（4%）；比其他数学内容难（2%）。

对于学生问卷第 3 题：你多久上一次数学"综合与实践"课？调查结果反馈：没上过（87%）；每学期 1~2 次（6%）；每月 1~2 次（4%）；每周 1~2 次（3%）。

对于学生问卷第 4 题：数学"综合与实践"课内容主要来源于哪里？调查结果反馈：课本（72%）；教师取材于现实生活（24%）；教师选我们感兴趣的内容（4%）。

对于学生问卷第 5 题：一般数学"综合与实践"课你课前准备什么？调查结果反馈：按教师要求认真准备（93%）；不准备（6%）；简单准备应付一下（1%）。

对于学生问卷第 9 题：你认为数学"综合与实践"课能积累数学活动经验吗？结果反馈：能（92%）；部分能（7%）；不能（1%）。

对于学生问卷第 14 题：你是否喜欢学习数学"综合与实践"课？结果反馈：喜欢（98%）；无所谓（2%）；不喜欢（0）。

根据对学生和教师问卷的结果分析可以得出，目前教师在"综合与实践"课程中存在的问题如下：

（1）大部分教师都知道"综合与实践"课是国家必修课程，学生应该进行系统的学习，可是在考试这个"指挥棒"的指挥下有些教师的教学理念没有转变，认为"综合与实践"课不是考试范围，因此，在大多数情况下，它不影响课程的进度，基本上教师选择让学生用自学的方式来处理。

（2）教师认为"综合与实践"课内容不好把控、组织麻烦。在室内进行组织相对容易些，可是一些活动课需要学生在室外进行实践操作，由于班级人数多，数学教师室外课组织经验不足、教学用具准备费时、费力等原因导致许多教师不愿意组织"综合与实践"课。

（3）有些教师有心却无方法，不知道怎么组织学生进行活动。有些教师想借助"综合与实践"课为学生提供实践探索的机会，但对"综合与实践"课把握不准，组织能力欠缺等，使得"综合与实践"课变得杂乱无章、无效。

（4）通过调查发现大多数学生对"综合与实践"课非常感兴趣。如果教师进行"综合与实践"课的教学，绝大多数学生都能根据教师的要求进行课前准备。而且 80% 以上的学生认为"综合与实践"课的学习可以提高自己解决生活中实际问题的能力。而实际情况是教师因为各种原因每学期开展的"综合与实践"课次数并不能满足学生的需要。

（二）课题研究的实施阶段

1. 在我校"和乐五环"教学模式的基础上，形成"综合与实践"活动的教学模式

（1）情境引入，提出问题。

"综合与实践"活动是以问题为载体、以学生自主参与为主的学习活动。❶如何调动学生的学习兴趣，提高学生的积极性，选择有效的问题是关键。可是问题的提出也是需要一定契机的，这时创设一定的情境就成为了必要手段。所以需要我们开展"综合与实践"活动时，可以结合学生所喜闻乐见的学习经验和生活经验创设一定的问题情境，遵循学生的认知特点和认知规律，从而激发学生的求知欲和探究欲。例如，在教学低年级段"我们身体上的'尺'"时，

---

❶ 中华人民共和国教育部 . 义务教育数学课程标准（2011 年版）[M]. 北京：北京师范大学出版社，2012.

可以这样引入："同学们，根据之前的学习，我们要想知道物体的长度时可以用尺子测量，如果你没有携带任何测量工具，还有办法知道它的长度吗？"在教学高年级段"球的反弹高度"时可以准备三个不同的球，让学生拍一拍，引导学生注意球的反弹高度。在这样一种情境中，学生会提出"为什么球的反弹高度不一样？什么时候反弹得高？什么时候反弹得低呢"等问题。

（2）互助实践，解决问题。

"综合与实践"活动本质上是一种发现、提出、分析、解决问题的活动，它不同于其他教学领域有固定的学习内容，更不同于教师在课堂上的直接教学。它提倡教师研制、开发、生成更多适合本地学生特点且有利于实现"综合与实践"课程目标的好问题。因此，在"综合与实践"学习活动中，教师要引导学生积极参与实践，生生互助或者师生互助共同解决问题。学生积极参与实践活动的方式是多种多样的，可以是小游戏，也可以是小调查，还可以是小实验、小设计。例如，在进行"绘制平面图"的活动中，就需要学生以小组为单位，合理分工合作完成校园内建筑的测量工作。在"制订旅游计划"的活动中，需要学生提前收集从学校到旅游地所乘坐的交通工具的票价及时间等信息。

（3）回顾总结，反思延伸。

荷兰数学家弗赖登塔尔强调反思是数学学习的一项重要活动，是数学活动的核心和动力。所以在"综合与实践"活动结束后，我们有必要对整个活动进行回顾和总结。一方面我们可以巩固课堂新学的知识，沟通新旧知识之间的联系；另一方面，我们可以再次回顾整个实践过程，思考在实践过程中所运用的数学思想方法，积累解决类似实际问题的经验，内化研究的方法，提升学生发现问题和解决问题的能力。学生经过反思后的交流，将是对思维过程进行深入的、充分的、新角度的分析和思考，使思维得到进一步拓展和延伸。无论低年级段还是高年级段，教师往往都注重在活动结束后询问学生："通过这次实践活动，你有哪些收获和体会呢"。

2.通过实践总结出在"综合与实践"活动中提高学生应用意识的策略

（1）充分做好课前准备，萌发学生的应用意识。

古语有云："预则立，不预则废。"要使数学"综合与实践"活动能有效、顺利地进行，上课前要求学生做好充分的准备是很有必要的。主要是让学生进行收集、查阅与课程有关的资料和准备动手操作的学具材料。收集信息的方式有很多种，如阅读报刊杂志、参观、调查和上网等。在教学"数字与信息"时，需要学生事先收集有关数字的信息，这就需要学生利用课外时间上网查询有关数字的内容，或者去图书馆查找有关这方面的信息；教学"有趣的拼搭"时，需要学生准备七巧板；教学"多彩的'分数条'"时要求学生课前制作分数条；教学"怎样滚得远"时需要学生准备斜板、米尺、圆柱形物体。学生在收集和查阅资料的过程中，不仅自然而然拉近了与教材的距离，而且熟悉了授课内容。同时，在准备的过程中，还可以帮助学生了解数学的发展过程，体验数学在生活中的价值，树立要学好数学的信心，同时帮助学生了解数学知识的应用过程，萌发学生应用数学解决问题的意识。

（2）精心组织实践活动，增强学生的应用意识。

为了能够提高学生的数学应用意识，教师要尽可能地给学生创造实践机会，让学生在进行课外数学实践活动的过程中内化所学的知识，并将知识转化为能力。因此，在"综合与实践"活动中，教师应引导学生广泛参与实践，充分合作交流，从而提高学生学习数学的兴趣，进一步增强学生的应用意识。

①实践要充足。"综合与实践"活动要求学生全部参与实践，全程参与研究，要重视学生经历实践活动的过程。例如，在教学苏教版《数学》四年级上册综合实践活动"怎样滚得远"这节课时，刚开始让学生猜测，学生异口同声地认为60°的斜面圆柱滚得最远，到底是不是这样呢？教师让六个学生分为一组，一人负责从斜面向下滚圆柱，一人负责扶着斜面，一人负责扶着三角板，两人负责测量圆柱滚动的距离，一人负责记录测量数据。分工合作完成一个斜面后，再进行另外一个斜面的实验，在实验时，小组成员变换分工。当三个斜

面都做完后，根据记录的数据，学生独立思考、交流讨论后发现 45° 的斜面圆柱滚得最远。这样设计，有助于每个学生都充分参与实践活动，每个学生都可以经历实践过程中的各个环节，从而增强学生解决实际问题的应用意识。

②形式要多样。"综合与实践"课的形式要因人、因内容灵活地进行选择。

对于低年级段的学生，一些有趣好玩的小游戏可以成为"综合与实践"活动的主要形式。例如，一年级"有趣的拼搭"、二年级"有趣的七巧板"、三年级"算'24 点'""多彩的'分数条'"等内容的教学，可以把积木玩具、七巧板、扑克牌等引入课堂。用学生喜欢的游戏方式调动学生参与实践的积极性。让学生通过游戏弄清其中蕴含的数学道理，进而增强学生用数学知识解决生活实际问题的应用意识。

对于高年级段的学生，小调查、小制作、小实验都可以成为活动的主要形式。例如，四年级"怎样滚得远"活动中学生通过实验收集数据从而得出斜面与地面呈 45° 时滚得最远。"运动与身体的变化"活动中学生通过实验收集数据从而得出结论。六年级的"绘制平面图"活动中学生先测量校园各部分建筑的数据，然后确定好比例尺，最终绘制一个校园的平面图。

③交流要充分。实践操作过程重要，活动之后的交流过程同样重要。只有通过充分的交流，才能呈现出实践中的各种情况；只有通过充分的交流，师生间、学生间才能彼此增进了解并共同分享活动成功的喜悦。例如，"记录一周内自己每天上学途中所需要的时间，并从这些数据中找出一些有用的信息"，教师安排学生做好基础性的准备工作（如调好时钟，在调查研究期间可以尽量做到每天上学途中的行为尽量保持一致）后，要求学生自己设计好记录表，住在同一个小区的同学组成一个小组进行记录。完成调查后，组织学生与其他小组进行交流和比较自己的调查结果，以获得更多的信息；统计大部分学生上学途中所花费的时间，找出学生中最短和最长的时间；还可以将时间分段，统计每个时间段的学生人数，制作表格或统计图。这样的教学设计，学生不进行充分的交流是无法完成的。学生们在互相交流中发现问题，提出一些问题并设计

研究方案加以解决，在这个过程中，会发现分析调查结果并得出结论是一件有趣的事情。

（3）回顾反思实践过程，深化学生的应用意识。

《义务教育数学课程标准（2011年版）》指出，积累数学活动经验、培养学生应用意识和创新意识是数学课程的重要目标❶，应贯穿于整个数学课程之中，"综合与实践"活动是实现这些目标的重要和有效的载体。数学活动经验需要在"做"和"思考"的过程中积淀，是在数学学习活动中逐步积累的，我们不仅要重视"做"的过程，还应该重视实践活动中的思考能力及反思评价，以帮助学生提高"逐步积累运用数学解决这些问题的经验"，提升实践智慧，深化学生的应用意识。

例如，在"大树有多高"活动中，学生在测量竹竿影子长度之后，通过交流，发现在同一时间、同一地点，物体实际高度越高，它的影子就越长。并通过尝试计算发现，竹竿有长有短，影子有长有短，但每根竹竿的竿长和影长的比值是相等的。根据这个结论可以做什么呢？结合本节课的内容，学生很快知道可以计算大树的高度。如何进行操作呢？这引起学生主动地思考与反思，学生带着问题先思考再进行实际操作。实践结束后，各个小组进行汇报，并交流计算方法。最后，教师引导学生回顾和整理他们的想法。在这个过程中，学生运用竹竿的竿长和影长的比值相等这个模型，去解决其他实际问题。学生在"综合与实践"中学习的"数学思维"，使自己的思维变得条理化、清晰化、精确化、概括化，促进数学素养的形成和实践智慧的生成，从而提高学生解决问题的应用能力。

（4）设计多样的"实践作业"，提高学生的应用能力。

《义务教育数学课程标准（2011年版）》在阐述"综合与实践"时指出："提倡把这种教学形式体现在日常教学活动中。"根据教材的安排内容每学期

---

❶ 中华人民共和国教育部.义务教育数学课程标准（2011年版）[M].北京：北京师范大学出版社，2012.

进行2次，但是教学平时还可以再设计一些实践操作过程相对简单的"实践作业"，如"用七巧板拼一个你喜欢的形状""利用A4纸或硬纸板制作一个长方体、正方体纸盒或者圆柱和圆锥""量一量并计算一下你房间的体积和容积""利用轴对称图形设计一个漂亮的图案"等，通过这些"实践作业"提高学生的应用能力。实践作业的选择，教师可以利用好教材中的实践研究问题，也可以根据教学内容和学生的实际情况设计一些"实践作业"。

（5）以社团形式丰富实践内容，扩大应用范围。

由于教材内容、学生人数、所需器材等限制，数学"综合与实践"活动在整个数学教学中所占比例有限，而"综合与实践"活动又是培养学生应用能力的主要渠道之一。因此有必要组织开展数学"综合与实践"社团活动，作为"综合与实践"课的有益补充，扩大学生的应用范围。例如，在学习完折线统计图时，根据学生这几年来身高变化情况绘制成折线统计图；学习完长方体和正方体之后，让学生测量自己房间的相关数据，计算贴壁纸时所需壁纸的大小；在外出旅游时，探讨如何规划旅游路线，需要花费多少元等。这些课程的开发，极大丰富了综合与实践活动的内容，让学生用数学的眼光观察周围的现象，在日常活动中运用数学。通过数学知识、方法及和其他学科知识的综合与运用，提高学生解决实际问题的应用能力。

八、研究成果与收获

通过一年的研究和实践，课题组成员在实践中锻炼了自己，丰富了个人的理论素养，教师的教学观念和教学方式普遍发生了的转变，教师的教学水平和教育科研能力有所提高。主持人××、×××所撰写的论文《小学综合实践在学科教学中的研究》在《中国教师》上发表。成员×××执教的"奇妙的水果"在综合实践活动优秀活动方案评选中获得市级二等奖。成员×××参与的课题《在小学学科教学中渗透心理健康教育的实践研究》顺利结题，并且其课题研究成果被评为一等奖；在教科研工作中，被评为先进个人；在小学数学命题说题比赛中荣获二等奖；在教师基本功展示活动中荣获二等奖。成员×××撰写的论文《有效开展小学数学综合与实践活动课的教学策略》在《考试与评价》上发表；在小学数学命题说题比赛中荣获二等奖；在教师基本功展示活动中荣获二等奖。成员 ××× 执教的"表面涂色的正方体"在"一师一优课、一课一名师"中荣获市级一等奖。

（一）成果

（1）通过一年的研究，我们课题组摸索出了在小学数学"综合与实践"活动中培养学生应用意识的策略。教师在实践的过程中在一定程度上转变了教育理念，通过"综合与实践"活动的开展，教师掌握了"综合与实践"课开展的方法。学生在参与的过程中巩固了所学知识，而且把所学知识与生活实际问题相联系，扩大了知识面，提高了学生运用数学知识解决问题的应用意识。

（2）通过研究，我们发现了在最开始时教师有点排斥上"综合与实践"课，总觉得组织起来麻烦，而且又不考试。经过课题组成员的努力，让授课教师发现学生喜欢这种课程，而且部分学生的学习积极性提高了，这样一来，教师们就没有那么排斥了，慢慢接受并参与其中。教师教学方式的转变与教师主观的转变有很大关系，教师如果在心理上想改变，那么在接受新知识、新观点时就没有排斥心理，而是积极配合。

（3）通过研究，我们发现学生非常喜欢并愿意参与数学"综合与实践"课程。通过一年的实践拓宽了学生的知识面，开阔了学生的眼界，在实践的过程中学生们学会了分工合作与陪伴，互相配合完成任务。对数学的理解不仅仅是纯粹的知识，而是可以和实际情况结合在一起思考问题。

（4）参与课题研究的教师们撰写了大量的教学案例、教学心得和与课题相关的论文等。参与课题研究的教师在整个过程中，工作认认真真、扎扎实实，积极进行研究实验，摸索了一些好的做法，也提炼出了值得推广的经验，为今后进一步的研究积累了丰富资料和素材。

（二）收获

（1）教师的教育教学理念发生了改变。自本课题研究以来，教师们不断探索新的教学方式，更新教育理念，拓宽了教育教学的思路，提升了自身的综合素质。

（2）促进了教学相长。教学是教师的教和学生的学相结合的一种双边活动，在开展综合实践操作过程中，教师必须经历积极充分的备课，并在教学中有效地组织学生活动，在不断的实践与反思中，提高自身教学水平和课堂的组织管理能力。同样，学生在实践活动中，能在教师的引导下积累丰富的活动经验，在小组合作等活动中提高合作意识和能力，增强数学学习的自信心。

（3）提高了教师的教育科研意识和能力。在本次研究过程中，我们从教学工作的实际问题出发，抱着解决实际问题的决心，让教师们在行动研究中尝到了甜头，无论是教学水平还是自身科研能力都有所提高，这样利于今后真正做到教与研的有机结合。

（4）结题推广。虽然我们已经按计划完成了课题，但仍需坚持本课题研究内容的实施，在今后的教育教学工作中巩固和推广研究成果和有价值的实践，并做好继续推广的准备。

九、主要问题和今后设想

从课题开始实施的一年多以来，我们经过不停的反思、实验、再反思，取得了一定的可喜的成就，但是在整个探究过程中，仍然存在着许多的问题。纵观整个研究过程，应该说要求具体到位、措施有力、教师学生反馈及时、课题组成员交流及时、教师和学生均反映良好，但还存在着一些问题。例如，在开展"综合与实践"活动的过程中，由于教师自身水平的原因，各个年级推广的情况不同，有的年级效果比较好，有的年级效果不明显。另外，部分教师因自身的意愿和其他方面能力的欠缺，在一定程度上对课题的研究和实施造成了阻碍，如懒惰的心理、嫌麻烦无所谓的态度在一定程度上影响了策略的推广。教师是课题研究和实施的主导者，今后，教师应该继续加强修炼自身的素质和各方面的能力，把学、研、做、写结合起来，不断地充实自己，把新课程教育理念内化到教育教学中去。同时也希望能够得到教育专家和上级教育主管部门的帮助、支持与指导，我们争取在以后的工作中做得更好，对此我们充满信心。

📖 参考文献

[1] 中华人民共和国教育部. 义务教育数学课程标准（2011 年版）[M]. 北京：北京师范大学出版集团，2012.

[2] 史宁中. 义务教育数学课程标准（2011 年版）解读 [M]. 北京：北京师范大学出版集团，2012.

[3] 王光明，范文贵. 新版课程标准解析与教学指导　小学数学 [M]. 北京：北京师范大学出版集团，2019.

[4] 胡瑛. 例谈让"综合与实践"更有效的设计策略 [J]. 小学数学教育，2015（11）：36-39.

[5] 崔庆岳，赵国瑞. 基于数学文化视角下的高职数学教学改革与实践研究 [J]. 文化创新比较研究，2018，2（31）：100，104.

第五节　小学数学教学中渗透数学思想方法的有效性研究

本课题立足于我校实际情况，旨在通过本课题的研究，使广大数学教师对数学思想的概念有更深入的理解，系统梳理教材中蕴涵的数学思想方法，促进教师自身数学思想方法的生成和优化。以可渗透数学思想方法体系为依据，开展数学思想方法在课堂教学中渗透的实践研究，提高教师课堂教学能力，促进教师专业成长，力争形成本校数学课堂教学特色。同时，将为小学数学教学提供新观念、新思想，为今后促进学生数学知识和数学思想方法的均衡发展，使学生能灵活运用多种思想方法去解决问题，发展学生的数学素养，提供一套切实可行的方法和措施。

一、课题的提出

（一）课题提出的背景

数学课程标准自 2001 年以来已经明确将"基本的数学思想方法"作为学生数学学习的目标之一，要求通过义务教育阶段的数学学习，学生能够"获得适应未来社会生活和进一步发展所必需的重要数学知识（包括数学事实、数学活动经验）及基本的数学思想方法和必要的应用技能"。而《义务教育数学课程标准（2011 年版）》更是将课程目标进一步概括为"四基"，即数学的基础知识、基本技能、基本思想、基本活动经验。多项实践证明，重视数学思想方法有利于学生更好地理解和掌握相关的数学内容；有助于学生形成良好的认知结构；有助于真正提高学生的数学素养并使他们终身受益。

综观我们的课堂，许多教师将新课程改革的关注点更多地放在追求课堂的开放、呈现方式的生动活泼、学习材料的生活化、课堂上的动态生成等方面，而数学思想方法的渗透教学很少。究其原因：①教师没有充分认识到数学思想方法对学生发展的重要性；②教师数学素养不够，对挖掘教材中的数学思想方法有困难；③评价还不完善。对小学数学学习的评价目前偏重传统意义上的"双基"，体现与运用数学思想方法的数学问题偏少，不利于考察教师渗透数学思想方法的教学效果和学生的数学素养。鉴于此，我们提出了"小学数学教学中渗透数学思想方法的有效性研究"这一课题。

（二）国内外研究现状评述

美国教育心理学家杰罗姆·布鲁纳指出："掌握基本的数学思想和方法，能使数学更易于理解和记忆，领会基本数学思想和方法是通过迁移达到的'光明之路'。"

日本数学教育家米山国藏指出："作为知识的数学出校门不到两年可能就忘了，唯有深深铭记在头脑中的是数学的精神、数学的思想、研究方法等，这些随时随地发生作用，使学生终身受益。"

因此，向学生渗透一些基本的数学思想方法，是未来社会的要求和国际数学教育发展的必然结果。我国正在开展的研究性学习方式也要求学生把数学思想、方法运用到解决问题中并获得新知。在小学数学教学的各个环节中渗透数学思想、方法，不仅具有提高教学效果的近期功效，而且具有优化学生的知识结构、进而全面提高学生数学素质的远期功效，这已经成为共识。然而，对小学数学教材本身所蕴含的数学思想、方法进行挖掘与提炼，并在数学解题中加以运用和完善，这方面还需要进行探索与研究。

（三）课题研究的价值与意义

从目前的教学现状看，教师独立钻研教材的能力不强，挖掘隐含在教材中的数学思想方法意识淡薄，很多教师只注重知识的传授，对知识技能的教学驾轻就熟，却淡化了知识发生过程中数学思想方法的渗透。这种就教材教教材，只重视讲授表层知识，而不注重渗透数学思想方法的教学，让学生所学的数学知识往往是孤立、零散的，不利于学生对所学知识的真正理解和掌握，加重了学生的学习负担。数学思想方法是数学的精髓，在学生学习数学知识的同时渗透数学思想方法的教学，让学生在掌握表层知识的同时，领悟到深层知识，学习层次实现质的"飞跃"，学生所学的知识成为一个相互联系的、组织得很好的知识结构后，才能使其摆脱"题海"之苦，焕发其生命力和创造力。基于上述思考，通过研究转变教师的教学观念，改变当前偏重数学知识的传授、忽视数学思想方法教学的教育现状，使教师在教学中更自觉、更有效地运用数学思想方法，注重知识的形成过程教学，科学灵活地设计教学方法，切实提高数学教学效益，促进学生由知识性学习向智慧性学习转变，培养有较强实践能力、创新能力的数学人才。因此该课题的研究，具有一定的理论价值和实践意义。

二、核心概念界定

数学思想方法：数学思想是指人们对数学理论与内容的本质认识，是从某些具体数学认识过程中提炼出的一些观点，它揭示了数学发展中普遍的规律，直接支配着数学的实践活动，这是对数学规律的理性认识，如常用的分类思想和分类方法、集合思想和交集方法，在本质上都是相通的，所以小学数学通常把数学思想和方法看成一个整体概念，即小学数学思想方法。

有效性：是指通过课堂教学使学生在知识与技能、过程与方法、情感态度与价值观三方面获得协调发展。通俗地讲是教师通过一定的教学活动，使学生的学习活动达到所预期的最佳效果。

三、课题研究思路和方法

（一）课题研究的思路

通过组织教师学习小学各学段所渗透的数学思想方法，提高教师自身数学素养和对数学思想方法渗透教学重要性的认识，按照现行教材总体框架，对数学思想方法进行有机的整理与分析，形成可渗透数学思想方法的体系。以可渗透数学思想方法的体系为依据，开展数学思想方法在课堂中渗透的实践研究，提高教师课堂教学能力，促进教师专业成长，力争形成本校数学课堂教学特色。通过课堂教学实践，让学生在初步掌握数学思想方法的基础上，逐步学会用数学的思考方式去分析与解决问题，提高学生的数学素养。

（二）课题研究的方法

本课题以行动研究法为主，调查法、文献法、经验总结法等多种研究方法为辅。

（1）行动研究法。选择不同领域的教学内容中的素材作为案例进行分析研究，寻求在不同数学学习领域中有效渗透转化思想的途径与模式，将梳理获得的数学思想方法应用于课堂教学实践，提高学生数学素养。

（2）调查法。在开展行动研究的过程中，通过座谈、问卷、统计、分析等方法掌握师生的教学活动、主要感悟及发展状况，为课题研究指明方向，也以问卷调查的形式检验课题研究成果。

（3）文献法。收集、学习、整理有关渗透数学思想方法的相关文献资料并加以分析，寻求理论支撑，指导本课题的研究。

（4）经验总结法。在行动研究的基础上，有计划、有步骤地开展资料的收集和整理，通过探求实践过程中各种因素的相互关系，以形成科学的、可渗透的数学思想方法体系与实践研究成果，形成研究报告。

四、课题研究的过程

（一）前期的调查分析

1. 教师、学生调查问卷分析

为了使课题研究能有的放矢，在课题实验初期，我们采用问卷调查和座谈的形式对我校教师、学生在课堂教学中渗透数学思想方法的现状进行了调查分析。首先，课题组成员参阅大量资料，结合我校的教学实际，多次探讨，制作了"在小学数学教学中渗透数学思想方法的有效性研究"调查问卷。我们采用分层随机抽样调查的方法，调查教师 20 人，学生从二至六年级每班中随机抽 20 名学生进行问卷调查，共发放问卷 800 份，占调查对象总数的 34.8%，收回 800 份，全部有效。

其次，与教师、学生座谈。与 10 位实验教师和 40 位学生代表进行了座谈，初步了解教师、学生对小学数学教学中渗透的数学思想方法的认识，通过交流，发现大多数教师对教材中渗透了哪些数学思想方法知之甚少。从表 3-3 和表 3-4 中可以看出，以往的课堂教学中，教师对数学思想方法的重视不够，学生的基础知识比较扎实，但缺少对数学思想方法的认识。长此以往，学生的数学素养难以得到质的飞跃，这些为该课题的研究提供了客观依据。

表3-3　教师调查结果统计情况

测评内容	选项		选"否"的人数
1. 平时教学中是否注重思想方法的渗透	是	否	8
2. 是否知道小学数学课程标准的"四基"	是	否	5
3. 在给学生讲解数学题时，是否注重结果而忽略方法	是	否	12
4. 在四大领域的教学中是否都渗透了数学思想方法	是	否	10
5. 是否认为小学数学解题是为了考试而安排的练习	是	否	6
6. 如果学生遇到数学难题时，是否直接给他讲解	是	否	11
7. 是否注重课堂教学的小结环节	是	否	13
8. 在小学数学教学中渗透数学思想方法的研究，是否对提高教师的素质有用	是	否	7

表3-4　学生调查结果统计表

测评内容	选项		选"否"的人数
1. 你是否知道什么是数学思想方法	是	否	382
2. 在课堂上教师是否给你们介绍过数学思想方法	是	否	236
3. 数学思想方法对你的数学学习是否有帮助	是	否	205
4. 解题后你是否回顾解题思路和方法	是	否	146
5. 是否学习有计划，时间安排科学、合理	是	否	198
6. 与同伴交流学习问题时是否积极	是	否	95
7. 是否按时完成作业且作业质量高	是	否	78
8. 是否上课注意力集中，会做课堂笔记、会思考	是	否	92

2. 本校现有课堂教学的现状分析

通过和教师座谈、听课等形式发现本校课堂教学是影响学生良好学习方式形成的主要原因，主要有以下几点：

（1）部分教师以传授知识为本位。在课堂教学中只注重传授知识，忽视其他方面的教授，这样的课堂教学就成为单纯的知识传授过程。即便是在知识传授中，也强调学生死记硬背，认为教学的目的就是让学生记住教学大纲和教科书所规定的知识，忽视数学思想方法的渗透。这使学生的学习浮于表面，知其然而不知其所以然，致使学生的能力得不到很好的发展，教学目标难以达成。

（2）教师的引导作用没有很好地发挥。通过听课调查了解，发现部分教师课堂教学中由于过分强调学生的"学"，而教师在课堂教学过程中缺乏合理科学的学习方式和技巧知识，不能对知识的产生进行及时指导，只能成为事后的评价者。师生之间缺乏平等合作、民主探索，不能引导参与学生的"学"的全过程，只以完成教案为目的，把重心放在了教材上，而忽视了学生，更忽视了怎样在课堂教学中渗透数学思想方法。

（二）课题研究的途径和措施

课堂教学中渗透数学思想方法让我们用新的理念和观点，审视我们的学生、教师、学校；用实际的行动，具体的做法、措施、策略，科学规划，进行实验。我校在三年前就适时地提出了"数学课堂中不仅要传授知识，更要注重渗透数学思想方法"的教学理念。围绕本课题结合我校实际情况，从充实内涵、创新制度，多措并举全面推进小学数学高效课堂教学。力求向课堂"40分钟"要质量，以"乐学、合作、互助、探究"教学理念来打造教学课堂，让学习成为学生喜欢的事情，让学生真正成为课堂的主人，使其体验到成长的快乐；教师们实现了自身的专业发展，享受到了教学带来的幸福和快乐。我们具体从以下几个方面入手：

1. 制度创新，保障落实

以《中小学学生学习规范》《中小学校教研组建设意见》《中小学教师教学规范》为抓手，规范我们的教育教学行为。学校出台《雷锋小学名师培养对象管理办法》《"导学案"的课堂教学改革方案》《加强学习小组建设的指导意见》《课堂讨论规范》等；学科、教研组、教师、班级等每个层面都制定了相应的课堂评价标准、实验方案。这些方案制度的出台为学生自主探究学习、形成良好的认知结构起到指导作用，让教师们尽早适应新的课堂教学常规，为有计划、有目的地进行课题研究保驾护航。

2. 专家引导，核心攻坚

教学理论是教学实践的先导，对于教育教学理论水平的提高，专家们的引领和指导起到了至关重要的作用。平顶山市教研室及卫东区教研室的专家们曾多次到雷锋小学深入课堂听课评课，与教师们零距离接触，亲临指导课堂教学。通过专家们的听课评课、"传经送宝"、现场指导、解惑答疑，雷锋小学的教师受益颇大，课题实验也有了强大的理论支持。为确保课题实验在学校广泛实施，课题初始时期就采取校长负责制、学校对课题的实施采取各种政策上的优先，实验教师优先培训，课题组教师优先讲课，学校财务优先保障。以教科研主任为组长，负责监督课题学校层面上的推进实施工作；以学校的青年骨干教师为实验教师的"课题实验组"，集中学校的教学骨干进行重点研究，以数学学科为重点进行实验，制订具体的课堂实施方案措施，明确各自的责任，使措施行之有效，实施过程有条不紊、认真落实，扎实开展，真正起到了课题实验的领头作用。

3. 以点带面，全面推进

在课题实施阶段出现了一批课题实验的骨干优秀教师，在这批实验优秀教师的带动下，课堂教学实施进入全校推广阶段，由部分教师、部分年级的课堂教学实施推广到学校的三、四、五、六年级全部数学教师。学校以同课异构、听课议课、师生座谈等多种形式为载体，对课题研究进行推广实施和提炼总结，突显我校教学特色。学校通过开展每周一的集体备课、校本教研、说课、听课、评课等，对每位数学教师的课堂教学进行检测，使不同的教师逐渐形成各自的优秀示范课例和课堂教学方法。学校不定时开展学生家长对教师的满意度问卷调查，以激发教师参与课堂实验的积极主动性。

4. 导学案，深化课题

学校实施"导学案"教案改革，制定并下发了《实施"导学案"教案改革，整体推进"数学思想方法"小学高效课堂教学模式的意见》，制订了具体详尽的课题实施方案，实现课前备课、课上授课、课堂检测、课后作业等教育教学常规的整体改革。导学案的编写工作由备课组长具体负责，组内实验教师分工协作，资源共享。集体备课、教研活动时间对导学案的编写进行研讨交流、总结经验、查找不足、不断改进。"导学案"教学操作流程为课前导学案预习、课上导学案探究、课中导学案练习、课后导学案检测，"导学案导学导练导测"既是学法的改革，又是教法的改革。"导学案"教学很大程度上改变了教师课堂教学中"满堂灌"现象，改变了教学中抄袭教案应付备课的现象，改变了教师教研活动集体备课空洞化形式的现象。

5.课题带动，教研推动

（1）进一步完善"教研一体化"制度，促进教师的专业化发展。根据我校教学实际情况，通过课题研究带动课题培训和教育教学理论的培训，为教学改革提供有力的理论保障和知识储备，促进教师专业的提升。为保证课题研究能顺利进行，我校多次派教师到高校请教专家，加强教学理论学习，我校安排每周三为教师教研时间，利用专家讲座、视频观摩、专题研究、沙龙讨论等形式对课题进行研究，有计划地进行了实验方案交流、校级小课题交流、导学案设计比赛、学生小组建设的评比等一系列活动；对教师培训时，加大优秀教育教学案例、先进教学方法的学习，并在学习后，让每位教师把自己的收获、体会发到学校网站中，形成了良好的网络教研氛围。

（2）走出去，通过联合教研的形式，提高课题开展的实效性。首先，领导亲自深入教研组与教师一起进行课题教研，实行教研组达标验收机制，定期"评优树先"；其次，带领教师们到沁阳市永威学校、巩义市子美外国语小学学习，通过联合教研，与其一同进行课题教研，收到实效；最后，在外出学习结束后回校进行汇报课、示范课，供全体教师观摩学习。

（3）规范管理，提高课题研究的实效性。课题教研始终以课堂教学为落脚点，在各种教育教学活动中进行课题教研，在课题教研中总结教育教学经验方法，促使教师成长，确保课题教研的实效性。通过"教学沙龙、专家点评"等教师互动的平台，落实《教师课后反思》，坚持"课反思—周教研—月总结"

的课题教研流程，保证单周集体备课，双周集体教研，实现资源共享，共同发展。学校开展"课题研究优秀教研组"评比活动，从"全员参与、常规管理、深度教研、教育教学活动"四个方面对每个学科教研组评比，评比出学科优秀教研组；开展评课、说课、议课、磨课活动，尤其以每年一次的"红叶杯"课堂教学比赛为导向和契机强化课题研究意识，以教师课堂随笔、教育教学日记为呈现方式，记录教师们在课题课堂改革实验教学过程中的心得、体会、变化、思考、问题和故事。

（4）根据实际，加强反思，及时纠正反馈教育教学行动。要求每位实验教师都及时地进行课堂自我反思，每节课教学之后，要撰写导学案教后反思；每月撰写一篇教学案例；每学期进行一次教学总结。引导教师对教学活动、教学研究进行深入的思考、反省、探索。学校收集印发相关案例研究资料，给教师们提供优秀教学案例以便借鉴使用。每月单周结合教研组教研活动，举行教学案例分析会，为教师们提供课堂实录案例，供集体讨论研究，寻找不足，反思问题，共同促进与提高。每位教师写出相应的学习体会、反思总结和实践案例。

6.搭建平台，发展提高

（1）学校每月开展课堂展示、示范、研讨课及优秀教育案例等评选活动。学校结合实际开展了校级优质课比赛、青年教师课堂比赛、"红叶杯"教师课堂大赛。在课堂教学过程中不失时机地渗透数学思想方法，加深学生对数学概念、公式、定理、定律的理解，提高学生数学能力和思维品质。

①新课导入中渗透数学思想方法。

在新课引入阶段，不仅寻找新旧知识的连接点和生长点进行知识铺垫，而且注重唤醒和利用学生已有的"数学活动经验"。

例如，教学"多边形的内角和"时的情形如下：

师：同学们，在以前的学习中，哪些知识我们是把新知识转化为旧知识，并利用旧知识来解决问题的？

板书：新知 旧知

生1：除数是小数的除法，我们是运用商不变的性质，先把除数转化为整数，再按除数是整数的除法法则进行计算。

生2：异分母分数加减，我们先通过通分把它转化为同分母分数，再按同分母分数的计算法则进行计算。

生3：梯形面积计算公式的推导，我们是把它转化为已学过的平行四边形或三角形，再推导出梯形面积的计算公式的。

生4：……

师：这节课我们要学习多边形的内角和。我们能不能也运用转化思想，求出四边形、五边形、六边形……n边形的内角和？

"最有价值的知识是关于方法的知识"，回忆旧知，不能只是一种复现型的过程，而应该对此进行必要的抽象和提升。这样改变了过去只在"知识、技能"层面上的准备，有意识地引导学生对获得知识的方法和经验及研究问题的方法加以总结和利用。让学生通过联想，明确本节课渗透的数学思想——转化。当唤醒学生已有的经验时，教师顺水推舟："转化"是一种重要的学习方法，你会用这种方法探究多边形的内角和吗？为研究多边形的内角和做了探索方法上的铺垫，让学生在理解和掌握基本的数学知识的同时，学会数学思维方法，丰富数学活动的经验。这样，为学生今后的学习和发展提供了"动力源"，真正实现"教是为了不教"。

②问题探索中体现数学思想方法。

数学家华罗庚教授总结他的学习经历时指出，对书本的某些原理、定律、公式问题，我们在学习的时候，不仅应该记住它的结论，懂得它的道理，而且还应该设想一下它是怎样被想出来的，经过多少曲折，攻破多少难关，才得出这个结论的。只有经历这样的探索过程，数学的思想、方法才能沉积、凝聚在这些数学结论上，从而使知识具有更大的智慧价值。

"平行四边形的面积"教学片段

1. 操作感知

多媒体演示：多媒体出示大小一样的长方形和平行四边形（图3-8）。

图3-8　大小一样的长方形和平行四边形

学生观察思考：

A. 这两个图形哪一个大呢？

B. 你觉得平行四边形的面积与它的什么有关？

初步感知：长方形的面积与它的长和宽有关。

学生拿出课前准备好的学习材料，用数方格的方法可以数出它们的面积，然后将数据填在记录表格中（表3-5）。

表3-5　长方形和平行四边形的长、宽和面积

长方形	长（cm）	宽（cm）	面积（cm²）
平行四边形	底（cm）	高（cm）	面积（cm²）

2. 提出猜想

引导学生观察表格中的数据，并思考：①先竖着观察，你发现了什么？②再横着观察，你发现了什么？

交流讨论后，形成初步猜想：平行四边形的面积＝底×高。

3. 验证规律

教师适时引导：是不是所有平行四边形的面积都可以用底×高来进行计算呢？能举例来验证你们的发现是正确的吗？要想知道我们得出的结论是否正

确，可以用什么方法来验证？（剪一剪，拼一拼）

能不能把平行四边形转化成长方形来计算它的面积呢？请同学们想一想，想好了同桌交流，并动手用学具试一试。

（让学生拿出准备好的平行四边形材料，动手试一试，把平行四边形转化成长方形）

4.归纳结论

学生互相交流讨论：

A.拼出的长方形和原来的平行四边形比，什么变了，什么没变？

B.拼出的长方形的长和宽与原来的平行四边形的底和高有什么关系？

C.你能根据长方形面积的计算公式推导出平行四边形面积的计算公式吗？

根据学生汇报可以归纳出：在操作中沿平行四边形任意几条高剪开、平移、拼接都可以把一个平行四边形转化成一个长方形，这个长方形的面积与原来平行四边形面积相等，这个长方形的长等于这个平行四边形的底，这个长方形的宽等于这个平行四边形的高，因为长方形的面积等于长×宽，所以平行四边形面积等于底×高。

教师通过问题本身，看到了问题背后所隐含着更为深刻的思维引导价值，合理地对问题进行深度挖掘，举一反三，有意识地对学生思维进行有序性、深刻性、逆向性、批判性的指导。

③知识运用中领悟数学思想方法。

在每堂课的练习巩固阶段，教师很容易忽视思考方法，只着眼于技能技巧的训练，似乎学生们会做了、做对了就可以了。其实其中蕴藏了很多有思维价值的方法值得我们共同挖掘，帮助学生丰富思考问题的方法。教师要提供给学生思考问题方法的指导，帮他们提炼解决问题的方法和策略，进一步渗透数学思想。

例如，在教学"异分母分数加减法"时，教师采用了这样一道练习题：

$1-1/2-1/4-1/8-\cdots=?$

教师组织学生计算结果后，启发学生思考："计算出题目的答案并不难，难就难在能否通过比较发现其中的规律""观察等号左边的分数，再比较它们的得数，你发现了什么""根据你发现的规律，你会自己出一道这样的算式，并算出它的得数吗？""这些算式的计算结果怎么会有这样的规律呢？"思考片刻，教师随即出示图形，通过观察图形，学生恍然大悟。通过用图形来表示，这个问题已经得到实质性的理解。但教师还继续引导学生联想："想象图形，看谁能解决？""回顾这一过程，它给了你怎样的启示？"

教师将这道题进行适度开发，有意识地对数学的概括思想、类比思想、极限思想、模型化思想等进行了有效指导和渗透，进一步发挥其促进学生思维发展的价值。

数学教学不能只满足于知识的教学、结论的教学，而要加强思考方法的教学。在学生获取知识和解决问题过程中，如果能有效地引导学生经历知识形成的过程，让学生在对特殊实例的观察、试验、分析、归纳、抽象、概括或探索推理的过程中，看到知识背后负载的方法、蕴涵的思想，并注意结合具体环节点化学生领悟这些思想和方法，那么学生所掌握的知识才是生动的、鲜活的、可迁移的，学生的数学素质才能得到质的飞跃。

④复习总结中提炼数学思想方法。

对小学数学思想方法的渗透不是一朝一夕就能见效的，而是有一个过程。数学思想方法必须经过循序渐进和反复训练，才能使学生真正地有所领悟。

例如，在复习"百分数应用题"时，出示这样三个问题让学生进行思考：

A. 这三种百分数应用题总的解题思路是什么？

B. 这三种百分数应用题各有什么特点？它们之间有什么联系？

C. 在解答时我们应注意什么？

大家展开讨论后，纷纷说出了各种结果。学生们不仅总结出了百分数应用题的解答方法、注意的方面和相互联系，而且还学会了总结、归纳等数学思想方法。

（2）梳理总结。

实验教师对小学数学中应予以重视的数学思想方法及其与知识点的结合点进行梳理，具体见表3-6。

表 3-6　数学思想方法及知识点

主要思想	特征	蕴含的知识点	分布学段
对应思想	对应是人们对两个集合因素之间联系的一种思想方法，小学数学一般是一一对应的直观图表，并以此孕育函数思想	一位数乘法口算；0 和任何数相乘都得 0 的计算过程；倍的认识；解决倍数问题；乘数是两位数的乘法计算；除数是一（两）位数的除法	第一学段
		自然数（小数、分数）与直线上的点的关系；基本数对图形的变换；对称图形；归一、归总问题；和（差）对应两步应用题；相遇问题；分数乘法算理	第二学段
		解决分数、百分数问题；正反比例意义；解决正反比例问题	第三学段
符号思想	人们有意识地、普遍地运用符号去表述研究的对象。运用一套合适的符号，可以清晰、准确、简洁地表达数学思想、概念、方法和逻辑，避免日常语言的繁复、冗长或含混不清	常用的单位符号字母表示	第一学段
		加法、乘法运算定律的字母表示；用 x 表示要求的数；求未知数 x；平面图形面积字母公式；半径、直径的字母表示	第二学段
		长方形、正方形、圆形周长字母公式；方程的初步认识；列方程解决问题；解比例；立体图形的体积计算字母公式	第三学段
集合思想	运用集合的概念、逻辑语言、运算、图形等来解决数学问题或非纯数学问题的思想方法	长方形、正方形的关系	第一学段
		平行四边形、长方形、正方形、三角形的关系	第二学段
		长方形、正方体的关系；因数、倍数、质数、合数、公因数、最大公因数、公倍数、最小公倍数的关系	第三学段
化归思想	化归思想就是把那些陌生的或不易解决的问题转化成熟悉、易解决的问题的思想，即把数学中待解决或未解决的问题，通过观察、分析、联想、类比等思维过程，遵循简单化、熟悉化、具体化、和谐化的原则选择恰当的方法进行变换、转化，归结到某个或某些已经解决或比较容易解决的问题上去，最终解决原问题的解决问题的思想	解决各种问题；倍的认识；多位数读写、改写、省略方法；乘除法的关系	第一学段
		数的加、减、乘、除及四则混合运算法则；数的互化；计量单位换算方法；商不变性质、分数基本性质、长方形周长；平面图形周长与面积公式的推导	第二学段
		数的互化；约分、通分；比的性质、比例的基本性质推导；长方体表面积公式的推导；圆柱侧面积、圆柱体积、圆锥体积公式推导	第三学段

续表

主要思想	特征	蕴含的知识点	分布学段
极限思想	极限的思想方法是人们从有限中认识无限，从近似中认识精确，从量变中认识质变的一种数学思想方法	直线的长度	第一学段
		自然数的个数；射线、平行线的长度；平行四边形、梯形高的条数；循环小数	第二学段
		一个数的倍数的个数；圆面积公式的推导	第三学段

（3）开展学生、家长"心目中的好老师"、师生"心目中的好课堂"、教师满意度调查评比活动。通过课堂观察、师生座谈、调查问卷、个别访谈、定量分析等形式，面对全体教师、全校家长、全部学生收集课堂教学改革的意见建议，为课题不断完善和深化提供参考资料。

（三）研究的结果与分析

在两年的课题试验中，我们立足课堂教学，不仅让学生获得基本的数学知识和技能，更注重在数学教学活动中，让学生了解数学的价值，增强数学的应用意识，获得数学的基本思想方法；经历解决问题的过程，在知识获得的过程中促进学生的发展，使学生获得学习兴趣和体验成功的快乐。

五、研究的成效与思考

（一）研究的成效

1. 转变了教师的教育观念，提高了教师的教育科研水平

教师教学观念与教学行为的转变，一举打破了以教材为唯一的学习资源、以传授知识为唯一的教学目的的传统教育观念，将数学学习的框架拉长放大。通过一次又一次的理论学习、课题研讨，教师的教育教学理念得以提升，教育教学水平得以提高。

图3-9中数据显示，学生对教师的课堂教学是认同的。课题实验使教师间形成了激励碰撞、交流研讨的氛围，促进了教师的理性思考。参与实验的教师在实践中反思、总结自己的研究收获。霍琳琳老师执教的国家级研究课"乘法分配律"充分体现了转化、猜想、验证、归纳等数学思想方法的教学；霍琳琳老师执教的省级优质课"小数加减法"体现了类比数学思想；一师一优课活动中牛玉辉老师执教的"组合图形的面积"体现了转化数学思想。其中牛玉辉老师撰写的论文《猜想—验证思想方法初探》获得省级论文二等奖，《浅谈数学教学与数学生活化》发表在《课程教育研究（新教师教学）》杂志上。

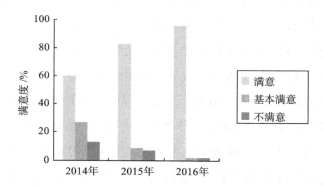

图3-9 2014年4月、2015年4月、2016年4月雷锋小学学生评教评学统计

2. 促进了学生数学素养的提升

（1）培养了学生对数学的学习兴趣，提升了探究数学知识的能力。

通过实验，教师更加注重对学生数学思想方法的渗透，给学生充分的活动时间和空间。学生通过学习不仅掌握了数学知识，更重要的是获得了数学思想方法。随着学生对数学思想方法认识的不断深入，学生运用数学思想方法来获取新知、解决新问题的能力逐步增强，从而培养了学生对数学的学习兴趣，提升了探究数学知识的能力。例如，在一次教学"平行四边形面积"的课前调查中，教师给学生一张平行四边形的卡片和几个1平方厘米的小正方形，让学生想办法测算平行四边形的面积。实验班能比较准确测算出面积的学生占78%，对照班的学生占 71.6%；而在这些学生中能运用转化思想来测算的实验班学生占 41%，对照班的学生占 31.6%。在学生拼组图形的练习中，实验班的平均成绩为 76.4 分，对照班的平均成绩为 65.7 分，可以看出实验班的动手操作、自主探索的能力优于对照班。

（2）改变了学习方式，培养了主动学习的精神。

从学生的调查问卷中可以看出，学生在课堂上不再仅仅是接收知识、储存知识的容器。在问卷"4.解题后你是否回顾解题思路和方法"中，96% 的学生都选"是"。表明在学生的心目中已经懂得仅仅知道一个答案是不够的，懂得怎样做、用什么方法做才是最有价值的。在调查问卷"6.与同伴交流学习问题时是否积极"中可以看出，当学生面对困难时多数会想办法尝试解决，如小组合作、讨论交流，初步改变了被动学习与不会学习的状况。

（3）形成了良好的认知结构，发展了学生的数学能力。

对数学思想方法的学习，有利于让学生形成良好的知识结构。美国心理学家杰罗姆·布鲁纳认为："除非把一件事情放进构造好的模型里面，否则很快就会忘记。"当学生掌握了一些数学思想方法，再去学习相关的数学知识，不仅能更好地理解和掌握数学内容，将新知识纳入原有的认知结构中，而且有利于实现知识的迁移。

（二）研究的认识与思考

数学思想方法是数学知识的精髓，又是知识转化为能力的桥梁。教师应站在数学思想方法的高度，以数学知识为载体，兼顾学生的年龄特点，遵循过程性、反复性、系统性和显性化的渗透原则，在教学预设、新知探究和小结复习等途径予以适时的挖掘、提炼和应用，促进学生数学知识和思想方法的均衡发展，延伸他们的数学学习。

但在实践研究中，我们又面临着如下困惑与思考：

（1）新课程标准将数学思想方法纳入"知识与技能"这一教学目标范畴，丰富了数学知识的内涵。但在小学阶段的"内容和要求"中，对数学思想方法的教学要求略显笼统，没有明确细化适合不同学段的数学思想方法，这给教师的教学带来一定困难。

（2）小学数学知识比较浅显，但蕴含着丰富的数学思想，如何处理好数学知识教学和思想方法之间的关系，以至于形成适合不同学段进行数学思想方法渗透的教学模式，需要更深入的思考与实践。

📖参考文献

[1] 中华人民共和国教育部. 义务教育数学课程标准（2011 年版）[M]. 北京：北京师范大学

　　出版社，2011.

[2] 布鲁纳. 教育过程 [M]. 邵瑞珍，译. 上海：上海人民出版社，1973.

[3] 米山国藏. 数学的精神、思想和方法 [M]. 毛正中，吴素华，译. 成都：四川教育出版社，

　　1986.

[4] 张乃达. 数学思维教育学 [M]. 南京：江苏教育出版社，1990.

[5] 张奠宙. 数学思想是自然而平和的 [J]. 人民教育，2006（10）：28-29.

第六节　利用解决问题教学构建小学数学深度学习模式的研究

"利用解决问题教学构建深度学习模式"是目前中小学教育教学研究和改革的一个热点。在这样的学习模式下，教师创设问题情境，把数学问题与生活相结合，随后抛出问题，在教师的引导下让学生通过自主学习或小组合作找到问题的解决方法。在解决问题过程中完善知识结构，提高解决问题的能力，促进数学思维的发展。但是，现在教学活动中仍存在着淡化或忽视问题教学和学生深度学习的现象，是传统意义上的无意义被动式教学。本课题的研究从调查分析当前小学数学教学中解决问题和实现学生深度学习的现状入手，以多种方法为手段，初步探索"以解决问题教学构建深度学习"的有效教学方法和教学模式。通过本课题的研究，建立起"基于解决问题的深度学习模式"，使学生

的问题解决能力、自主学习能力及思辨速度、思维深度得到大幅提升，改变部分教育者陈旧的教育思想、低效的教育教学方式，从而促进教师专业的迅速发展，推动了本校"适教育"的发展和学校特色的形成。

一、研究背景

"利用解决问题教学构建深度学习模式"无疑是我国当下的教学研究热点。例如，我国已经有以潘小明老师的"基于解决问题的课堂"、黄爱华老师的"大问题教学"及储冬生老师的"问题驱动式教学"等，研究的都是以问题来引领数学教学课堂，可见开展"解决问题教学"的研究对学生的发展、对教师的成长有着积极的正向推动作用。另外也表明，在这个领域还有很多需要解决的问题，目前还在浅层次徘徊。为了提高小学数学教学中学生学习的效率和深度，我们需要结合教师的教学实际和学生学习的状态，总结出有效的教学方法和策略，形成一套系统的教师教学模式和学生学习模式。

在 21 世纪的当代教育背景下，教师在授课时的教学模式和授课方法不能再像以往一样的"填鸭式"教学，不能只关注学生是否学会了知识，而忽视了学生综合能力的发展。教师在数学课堂上引导学生深层次的智力发展和良好学习模式的培养应该放在学生的学习能力、思考能力，以及应对难题的思维力之上。当然学生对于新知的自主学习能力、自愿探索能力和动手实操的能力也是不可或缺的。更直白地说就是在小学数学的课堂中，在依托解决问题的深度学习模式下，学生的学习不能止步于理解本节课的课堂内容，学生的自主学习能力、探究新知能力、面对有难度的问题时有深度有层次的思维能力和动手实操能力也应该在课堂上进行培养和塑造，这样学生的数学核心素养培养和全面发展就有了坚固的基石。

在学生深度学习数学问题教学的基础研究上，重点以培养学生的学科核心素养为目标，以课例研究为依托，以本原性问题来促进学生思考，促进教学相长，从以往的"解决问题"转变为现在的"问题解决"。这种模式的教学，让学生主动地形成知识的问题结构和知识的认知框架，变零散知识碎片化学习为系统性、结构化学习，变无意义的被动学习为有意义的主动学习，变隐性学习为显性学习，生成一种更互动、更多变、更多向、多层次的新型教学结构。

二、核心概念的界定

（1）解决问题：从两个观点去理解，第一，从广义的角度，是指综合性、创造性地运用各种数学知识去解决各类问题，包括实际问题、源于数学内部的问题；第二，从狭义的角度，是指综合性、创造性地运用各种数学知识去解决联系实际生活的问题。

（2）解决问题教学：在数学课堂上，为了让学生有更好地解决问题的能力而采取的相对系统的一系列教学手段和方法。

（3）深度学习模式：学生在学习过程中为了解决问题将以往的知识内容进行融汇整合，并能够积极地、主动地、具有辩证性地学习新的知识、新的数学思想和解决问题的新技能。

三、研究意义与价值

（一）理论意义

本课题积极探讨在小学数学课堂上利用"解决问题教学构建深度学习"这一模式的内容，从这个模式中如何培养学生问题解决能力、自主学习能力、数学思维能力和数感及数学思想，从而进一步丰富教学活动的内涵。

（二）实践意义

从实践层面上研究解决问题教学和深度学习的理念，为教育理论指导教育实践提供有价值的案例。课题的研究能帮助教师切实转变教育思想，关注对学科内容与学生学习的整体理解，培养学生的高阶思维和问题解决能力，着力培养学生的思维创新精神和动手实践能力，促进学生全面发展。

四、研究目标、内容、思路和方法

（一）研究目标

（1）本课题旨在将解决问题教学与深度学习进行有机整合，并形成完善的教学模式，使得课堂中学生以核心问题为主线，以自主学习为基本学习方式，有效地进行科学探索，达到新课标"四基"的教学目标。

（2）促进小学生的深度学习。在学生的自主学习过程中，学生从被动接受"填鸭式"的学习变成主动探索知识的学习过程。学生不再被动接受教师知识的灌输，而是主动思考问题，自己动手操作、实践、探究。学生通过这样的学习模式能够快速地提高自己的学习能力，在自主探究和合作交流的过程中不仅能掌握扎实的知识基础，进一步提升能力，而且在合作解决问题的过程中，学生可以得到成功的体验，加强学生对数学的兴趣，帮助学生形成正确的价值观，使学生成为一个拥有扎实知识基础、解决问题能力和合作能力的优秀的学习者。

（3）通过教师对小学数学学科课程的深度理解，结合课堂教学模式的变革，提高教师的专业素养，并建立一支素质优良、勇于创新的教师队伍。

（二）研究内容

（1）调查分析当前小学数学教学中解决问题和实现学生深度学习中存在的问题及原因。

（2）探索"以解决问题教学构建深度学习"的课堂教学方法和教学模式。

①根据"利用解决问题教学构建深度学习模式"的课题要求，解决问题教学和深度学习模式的研究最终要反映到课堂教学的实际操作上，作为一线的小学数学教师，我们真正需要研究的是如何通过本课题组的研究成果获得处理教材、把握课堂、促进学生深度学习的方法。

②课堂是学习的主要场所也是本课题研究的主要阵地，如何实现在数学课

堂中利用解决问题教学来构建深度学习的模式，我们应如何设计、如何组织和实施，将是研究的重点。

③在数学课堂中以解决问题教学来构建深度学习模式的效果评价与调整策略。想要对教学方法、教学模式的效果、教学目标的完成及学生的学习兴趣作出有效的评价，需要制订切实可行的评价标准。在评价标准的基础上对学生各方面情况作出评价，让学生及时找到自己的优缺点并及时改进。

④以上三种方法的研究与学习，使学生在这样的教学模式和教学方法下，能够实现主动地深层次学习，并提升问题解决能力、自主学习能力及数学思维能力。

（3）通过翻阅书籍、查阅网上信息等方法收集有关"解决问题教学和深度学习"的教育理论知识，进行集体学习；并且组织课题组成员观看名师名家课堂实录，进行课后调查，开展各种形式的理论学习，使课题组成员理论知识更丰富。

（三）研究思路

本课题的研究目的明确、计划严密，按照"调查筛选—课题论证—制订方案—实践研究—交流总结—申请结题"的步骤一一进行。首先对小学数学"利用解决问题教学构建深度学习模式"的国内外的研究现状进行充分的了解和分类，进一步确定研究的主要内容、可能用到的研究方法及具体实施的一系列步骤。通过这些深入的了解和分析，课题组成员更深切地体会到深度学习的重要性，结合教学实际和理论研究分析深度学习模式的特点，进而讨论探究出"利用解决问题教学建构深度学习"的模式。

（四）研究方法

（1）文献分析法：在课题研究之前和研究过程中，浏览大量相关文献，借鉴相关研究者的成功经验，丰富理论知识。

（2）行动研究法：注重教师的实践与反思，不断提炼"利用解决问题教学构建深度学习模式"研究的课堂教学理论。

（3）案例分析法：主要用于教师教学方式、学生学习方式变革的情况下，观察学生思考的深度、探究的力度等。

（4）经验总结法：在课题研究过程中，展开相关的教学实践活动，并及时对实践过程中出现的问题及实践的结果进行分析归纳总结，使其与学到的理论知识相结合，将实际经验上升到理论层面。

（5）调查研究法：通过问卷调查，收集学生和教师对解决问题学习现状的理解和存在的问题，通过整合、总结、归纳形成对解决问题现状的客观认识。

五、研究进度

（一）第一阶段：启动阶段（2020年5—8月）

（1）课题研究组成立，组织成员收集课题相关的理论知识和研究成果，安排成员系统学习相关的理论知识，丰富理论知识素养。

（2）课题组成员组织开展课题研讨活动，制订行之有效的活动方案，分析讨论课题研究的可行性。

（3）组织开题论证，修改、完善方案，制订课题实施方案。

（二）第二阶段：实施阶段（2020年9月—2021年3月）

（1）在课题实施过程中逐步完善研究内容。

（2）组织进行小学数学"利用解决问题教学建构深度学习模式"的主题研讨课和活动。

（3）定期召开课题组主题研讨会议，进行理论研究和实践研讨。

（4）对课题的阶段性成果进行整理和总结。

（三）第三阶段：总结阶段（2021 年 4—5 月）

（1）收集资料进行汇总。

（2）对研究过程中得出的成果进行梳理整合，撰写研究报告。

（四）第四阶段：课题推广阶段（2021 年 4 月至今）

进一步完善课题研究，进行成果的运用及推广。

六、研究的实施过程

（一）确定研究对象，成立课题组，邀请专家完善研究方案

2020 年 5 月，在课题主持人的主持下确定了本次课题的研究，并且确定了课题组成员所在班级为本次课题研究的研究对象。邀请课题专家对本次课题进行课题论证，对课题的开展及进一步地实施进行了有针对性的指导。课题组成员虚心听取专家给予的意见和建议，及时调整完善课题研究的方向和实施方案。

（二）学习名家经验，提升理论知识

组织课题组成员分别于 2020 年 5 月和 2020 年 11 月进行两次教学观摩活动，在网络上观看名师名家的教学视频和讲座，学习他们先进的教育理念和高效的教学方法；开展集中学习和自学相结合的学习形式，重点内容以读书笔记的形式进行摘抄记录，并强调各位教师要学以致用；举办学习讨论活动，提升教师的教学理念，鼓励教师在课堂上利用解决问题构建深度学习模式，并商讨改进方法，为课题的研究打开一扇大门。

（三）深入开展"利用解决问题教学构建小学数学深度学习模式"的专题研讨活动

以课例为载体，课题组成员一起分析、探究在实际教学过程中发现的问

题，寻求解决办法，对活动开展中各种因素进行归类与分析，总结反思，撰写教学设计、教学论文等，以教研促教学，在此基础上进行教学策略的修订与完善，保证课题组的研究优质高效地开展。

（四）按时进行中期评估，积极邀请专家指导

课题组召开中期总结会并进行中期汇报，分析课题研究中遇到的问题，邀请专家进行课题研究指导，明确后期研究方向。

（五）钻研教法，构建深度学习模式

课题组对于"利用解决问题教学构建深度学习模式"进行了研究和讨论，并采取了举行相关主题的学习会议、模式构建的研讨会议和课题组成员听评采取新模式的实验课等举措。课题组成员一致指出：在数学课堂中学生的学习不能止步于理解本节课的课堂内容，学生的自主学习能力、探究新知能力、面对有难度的问题时有深度有层次的思维能力和动手实操能力也应该在课堂上进行培养和塑造，这样学生的数学核心素养的培养和全面发展就有了坚固的基石，相信改变之后的教学模式能够真正地提高学生的学习效果和效率。

（六）反思自我，做好总结

课题组成员定期针对课题研究进行归纳总结，在研究过程中不断反思、调整、完善研究方案和研究策略；在反思总结的过程中，将教学案例分析、收获和心得体会及时记录下来。

七、课题研究的成果

经过一年的研究和对教学实践的总结，课题组在各个方面都取得了一定的成效，也达到了预期的效果，具体研究成果如下：

（一）了解并掌握小学数学教学"利用解决问题教学构建小学数学深度学习模式"的现状

课题组对本校全体数学教师及 800 多名学生进行了问卷调查，根据调查结果，大多数教师认为题目信息量大，学生不易提取信息，以图文并茂的方式呈现，有些学生无法将信息建立相关联系。在数学课堂中，教师不能只教授常见的数量关系和本节课基础内容，更应该让学生"跳一跳，够到桃子"，也就是苏联心理学家教育学家维果斯基的"最近发展区"理论。要设置合适的问题，让学生积极主动地发动思维去解决问题，当然此时也不能忽略"学困生"的发展，也就是说教师要很好地把握知识的"收"与"放"。许多教师没有进行教材的"再处理"，没有真正做到"创造性地使用教材"。在培养学生解决问题的策略时，没有真正激发学生的兴趣，教学方法单一；在教学过程中，不能借助例题的学习向学生渗透一些常用的数学思想，不能通过备课对例题进行创造性地加工，降低学习难度，不能有意识地向学生传授分析、解决问题的方法和策略。

而在学生层面，学生认为数学课堂教学不切实际，形式单一。根据学生的调查问卷结果可知，学生认为教师在课堂中的授课模式较为死板和固定，主要是以 PPT 和教师讲授为主。这样的"填鸭式"教学会导致学生思维的固化和对课本内容的公式化，不能有效地应用数学知识和技能去解决日常生活中的实际问题，只是为了高分和解题，这样的课堂教学是低效的、没有温度的。在课堂教学中，教师应采取合适的教学方法和模式来激发学生的学习兴趣，让学生沉浸在课堂的学习氛围中，主动、积极、有效地进行知识探究和动手操作，让新知识流畅自然地进入学生的知识框架和体系中，从而达到深度学习的状态。

（二）初步探索出利用解决问题教学构建小学数学深度学习模式

1. 在解决问题中促进学生深度学习模式构建的策略

（1）创设有效的问题情境。以问题解决为基础的深度学习模式的关键之一就是问题情境的创设，一个良好且有效的问题情境可以快速将学生带入到问题中，使学生的注意力更加集中，更加积极地参与到教学活动中来，激发学习参与度。为了更好地创设问题情境，教师需要注意以下几个方面：一是情境中的问题要以教学目标和学习目标相结合，有效引入课堂要解决的问题；二是要联系生活实际，使得数学知识的现实意义得以实现；三是要具有一定的挑战性，难度适中；四是要具有一定的趣味性，激发学生的学习兴趣。

（2）积极引导学生发现问题。一是鼓励学生质疑问难的精神，学起于思，思源于疑，在讲授新课时，让学生主动找寻有效的数学信息，引导学生质疑并解疑。二是提取关键词语和句子，帮助学生梳理解题思路，发展学生的逻辑思维能力。三是引导学生从与旧知识的比较、联系上提问题，进一步提升综合运用知识的能力。四是从自己不明白、不理解、认识不清楚的地方提出问题，发展学生的探究能力。

（3）促进学生交流合作，构建与学生认知冲突的问题。构建出与学生认知所冲突的问题或其认知无法解释的问题，可以增加学生的好奇心与求知欲，可吸引学生的注意力。解决问题时，可以采用小组合作、同桌互助的方式，激起学生思想的碰撞，多角度、不同程度地理解问题。

（4）联结学生以往的数学经验，促进问题的解决。小学《数学》教材中的内容都是由浅到深、由简单到复杂，是一个循序渐进的过程，高年级的数学知识都是以低年级的知识为基础的，因此为了使学生更好地学习新知识，以往的数学经验十分重要，为了使学生的学习更加深入，教师必须要引导学生对以往的数学经验进行回顾，在旧知的基础上进行新知的学习。

（5）关注学生解决问题后的评价反思。很多情况下学生和教师认为解决了某个问题就已经万事大吉，而没有深入地去挖掘问题解决后的能力提升和反思总结的功能，忽略了问题解决后的评价和反思应用工作。教师应加强对问题本质的分析，注意挖掘问题深层次的内容，对问题进行合理的反思和评价。课后关注学生对课堂上解决问题的消化吸收；举一反三的能力，可以由一个问题延伸到相关问题，让知识螺旋式上升，体现新教材问题设计的功能，让学生体验问题间的联结，促进深度学习的发生。

2. 根据教学对象的不同，合理安排解决问题的内容，以促进学生的深度学习

（1）根据学生学习水平的差异，组织实施解决问题的活动。《国家中长期教育改革和发展规划纲要（2010—2020年）》明确提出"关心每个学生，促进每个学生主动地、生动活泼地发展，为每个学生提供适合的教育"，教学是面向全体学生的，教师在设计解决问题时应考虑不同学生的理解力、操作力、表达力等差异，根据学生的学习水平准备教学活动。

（2）根据学生年级差异组织实施解决问题的活动。在数学课堂的教学中要充分发挥教师的主体作用，结合新课程理念、课程标准、各个年级的教材特点及学生每个年龄段身心发展规律和学习特点，积极有效地引导学生去解决问题，并在课堂中寻找多种解决问题的策略，体验解决问题的多样性和层次性。在这个过程中发展学生的动手实操能力和自主探究创新精神。较高年级的学生认知能力和探究能力较强，应该有刨去表象、深究问题实质的能力，不能被问题的表层所迷惑，更该有对问题深度分析和总结反思应用的能力，这样面对复杂问题也可以自己独当一面地去解决。教师教学时可以放手让学生独立思考，自主解决问题，增加问题的挑战性。低年级的学生年纪比较小，容易分心，对问题的理解能力有限。因此，教师在引入问题时可以情境化和游戏化，以激发学生的兴趣和积极性，在问题解决的过程中，教师不应该放手太多，应该适当帮助和引导他们在有限的时间内以合理有序的方式进行活动。

（3）创设不同的问题情境，差异施教，以促进深度学习。数学问题来源于生活，数学与生活有非常密切的联系。由于有些学生的学习基础较弱，对题目不能做到有效理解，在解决问题的时候就会无从下手，在教师讲解的时候就会出现一知半解的现象，再遇到类似的题目时还是无从下手。作为教师，我们要采取有效的策略避免此类情况的发生，我们要在教学过程中了解学生的认知发

展规律，并尊重遵循学生的认知发展规律，这样的教学过程会使教师和学生都变得更加轻松。本次研究主要是以解决问题为核心，根据不同年级知识基础程度不同，可以创设不同类型的问题情境，引导学生自主探索、自主寻求解决问题的策略，使学生构建新的知识结构体系，提高数学思维能力、促进高阶思维的发展，从而提高课堂教学效率。

3. 解决问题的几种类型和在教学时应该注意的问题

（1）与计算相结合解决的问题。小学数学从一年级至六年级，从学生初步学习加减乘除的计算开始，课本上就出现了以各类与计算相结合解决的问题。例如，在教学二年级"乘法的初步认识"时：每只船上有 2 位小朋友，有 4 只船，船上一共有几位小朋友？在教学这类题目时，教师要让学生充分理解条件和问题，要求一共有几位小朋友就是求几个几是多少，用乘法，在教学这类练习的时候要反复说题意，对于二年级教学来说，这是重、难点。可是到了三年级学习"多位数乘一位数"时，这类的分析就会少很多，教师们的精力会大部分集中在让学生掌握"多位数乘一位数"的计算方法的理解上，这使得部分学生对于乘法这类题目的理解上没有形成思维定势，所以到了五年级学习"小数乘法"和六年级的"分数乘法"时，这部分学生就更加难以理解，也就容易出现学生对于分数应用题难于掌握的问题。

因此，对于与计算相结合解决的问题，教师要积极创设问题情境，激发学生探索问题的兴趣，不断巩固学生对整数、小数、分数加减乘除法意义的理解，能够运用这些知识分析问题、解决问题，形成思维定势。

（2）以常见数量关系为基础解决的问题。常见数量关系的认识与概括是一个从感性到理性、从具体到抽象的过程。数量关系是学生小学生涯至关重要的学习内容，学生对数量关系的理解和掌握能力直接左右学生解题的思路和方法。数量关系不是简单的数学知识和技能的掌握，这其中隐含着众多数学思想和数学方法，数量关系的教学是一个逐步积累、循序渐进和用心感悟数学思想的过程。新课程标准中指出：要更注重数量关系教学的过程性。这就对课题组成员提出了新的要求，在主题研讨课中，重视对数量关系的教学，引导学生从问题的分析、类比中得到数量关系。不仅要把数量关系的知识和技能掌握住，还要在这个过程中培养学生对数学思想的感悟和应用，更深层次地促进学生的思维发展和情感态度。

因此在低年级的课堂中直接总结做题技巧和概述做题方法论的行为是不可行的，要在教授新课时根据教学内容选择与实际生活联系紧密的的例题为着手点，创设真实有效的情境去引导他们积极主动的动手实践。例如，"摆一摆""指一指""剪一剪""换一换"这样的举措，在动手操作的情境中去体会，感悟数量关系和知识之间的联系。让学生体验到原来知识可以从动手实践中得来，并非只能从死记硬背和技能强化中得到。中高年级学生对于解决问题积累了一定经验，会发现同类型题目的共同特征，在教师的引导和帮助下让学生自己尝试概括数量关系式，构建解决问题的模型，发展学生的思维能力。

（3）利用数学思想、策略解决的问题。在解决问题时，学生应该先学会整理信息，找到数量之间的关系，进一步明确解题思路，利用解决问题的策略确定解决问题的方法，构建一些解决问题的模型。课题组成员对在小学常见的解决问题的策略进行了梳理。

①画图的策略。画图的策略在低年级比较常见，画图的策略能清晰直观地体现题目中的条件和问题，便于学生找到事物之间的关系，从而进一步解决问题。

②列表的策略。运用表格的形式整理信息，在列表的过程中及时调整，逐步找到解决问题的方法和准确答案。

③一一列举的策略。通过对题目的分析，将可能的情况一一有序列举，并对数据进行调整和整理，最终找到合适的结果。

④假设、替换的策略。对于情况比较复杂的问题，可以先假设出一种答案，根据题目中的条件去验证，不合适的话进一步调整、替换，进而得出正确

答案，最后可以把正确答案代入问题当中进行验证。

⑤转化的策略。转化的策略就是将不熟悉的、复杂的问题转化成学过的、简单的数学问题，然后进行解答的一种方法。转化策略也是数学学习过程当中非常常见且有效的策略。学生掌握了转化策略不仅有利于解决数学问题，而且对于生活问题的解决、思维的拓展也起到非常大的作用。

在小学低年级段，教师应该充分利用学生已有的生活经验，引导学生把所学的数学知识应用到生活中去，结合学生的身心发展特点，运用画图、列表等策略将抽象的知识具象化，便于学生理解。学生到了中年级段，知识、能力、情感和态度与低年级相比有了进一步的发展。可以通过一一列举、假设替换等策略，进一步发展学生的抽象逻辑思维，随着学生年级的升高，其学习能力也不断增强，解决问题的策略逐渐得到积累，学生能够通过分析或交流找到合适的策略解决问题。

（三）激发学生解决问题的兴趣，促进学生的深度学习

小学阶段的学生具有好奇心强和喜欢探究的特点，多种形式解决问题的活动正好为学生们提供了这样的机会，不仅能够激发起他们学习数学的兴趣，还能在思考与合作交流中体会策略的多样性与有效性，感悟其中蕴含的数学思想，提高自身逻辑思维能力。课题的研究重心以培养学生的学科核心素养为目标，以课例研究为依托，以本原性问题来促进学生思考，促进教学相长，从以往的"解决问题"转变为现在的"问题解决"。通过这种模式的教学，让学生主动形成知识的问题结构和知识的认知框架，变零散知识碎片化学习为整体系统性结构化学习，变无意义的被动学习为有意义的主动学习，变隐性学习为显性学习，生成一种更互动、更多变、更多向、多层次的新型教学结构。发展学生用数学的眼光去看世界，用数学的思想去思考、解决问题的能力，进一步促进小学生的深度学习。

（四）提高教师的课堂教学能力，提升教师的专业素养

一年来，课题组成员能根据各年级"解决问题"的相关目标，构建深度学习模式，自主选材、自编活动内容、撰写活动方案、活动案例、专题论文等多方面都取得了显著的成绩。

将课题组成员的在课题研究中取得的成绩汇总如下。

（1）课题组老师的论文《利用解决问题教学构建小学数学深度学习模式探究》已在《教育学》杂志 2020 年 11 期发表，经本刊专家委员会评审，特授予优秀论文一等奖。

（2）课题组老师的论文《精心设问 促进深度学习》发表在《少年智力开发报》教师版第 30 期 1 版。

（3）课题组老师的论文《培养学生的问题意识和提问能力》在校级论文评比中获得一等奖。

（4）课题组老师的论文《对小学数学深度学习的浅见》在校级论文评比中获得一等奖。

（5）课题组老师的论文《小学数学深度学习的教学策略》在校级论文评比中获得一等奖。

（6）课题组老师的论文《浅谈如何在数学教学中培养学生发现问题的能力》在校级论文评比中获得一等奖。

（7）课题组老师的论文《小学数学利用解决问题教学构建深度学习模式的研究》在校级论文评比中获得一等奖。

（8）课题组老师的"圆柱的体积"一课获得 2020 年度河南省"一师一优课 一课一名师"活动省级三等奖。

（9）课题组的"分数乘整数"一课在平顶山市卫东区第五届优质课活动中，荣获二等奖。

（10）课题组老师所做"商不变性质的应用"一课荣获校级优质课一等奖。

（11）课题组老师所做"不规则图形的面积"一课荣获校级优质课一等奖。

（五）促进本校"适教育"的发展和学校特色的形成

该课题的研究面向全体学生，为每个学生提供最适合的教育，促进每个学生成长成才，将数学解决问题教学延伸到学生实际生活中，强化学生思维能力，鼓励学生大胆创新，践行了"生活即教育""社会即学校""教学做合一"的教育理念，以培养学生的创新精神、实践能力和逻辑能力为目的，促进我校以"适教育"为主题的学校特色的形成。

（六）初步形成了一套行之有效的利用解决问题教学构建小学数学深度学习的教学模式

（1）在"数与代数"解决问题课程设计过程中，按照"创设情境→激发兴趣→建数量式→获取知识→分析过程→总结归纳→拓展延伸→发展能力"的基本流程进行解决问题的教学设计。

（2）在"图形与几何"解决问题课程设计过程中，按照"直观演示→巧设疑问→明确目的→巧用策略→汇报交流→归纳总结→应用知识→发散拓展"的基本流程进行授课。

（3）在"统计与概率"解决问题课程设计过程中，按照"指明方向→数据收集→整合数据→绘成图表→综合分析→形成报告"的模式进行操作，其中特别注重以下几个环节：问题的选择、问题的开发、学生参与的方式、学生的合作与交流、活动与成果的演示与评价等。

（4）在"综合与实践"解决问题课程设计过程中，按照"明确目标→提出问题→小组合作→讨论方案→综合运用→解决问题→展示交流→拓展延伸"的模式进行操作，让学生体验有目的性、有设计性、循序渐进、合作的解决问题活动。

八、课题研究存在的主要问题及今后的设想

（一）存在的问题

（1）在小学数学教学中，要进一步重视和发展学生的认知能力，加强对学生解决问题策略的指导，不断在各个情境中让学生体会、理解策略的深刻含义，并逐步掌握解决问题策略，灵活运用。

（2）在课题研究中，把具体的教学行为上升到理论高度，同时策略总结还做得不够，需要进一步加强。希望今后"以学生发展为本"的思想与有效的解决问题策略能变为教师的自觉行为。

（二）今后的设想

我们的课题研究之路才刚刚开始，课题组所有成员会以课题的结题为一个新的起点，继续认真踏实地学习，提高自身的业务素质和研究能力，并对课题内容进一步细化和深化，争取研究出更多有价值的成果，为如火如荼的小学数学课程改革贡献我们的力量。

📖 参考文献

[1] 钱云娟. 例谈小学数学以深度教学引发深度学习 [J]. 基础教育参考，2018（22）：56-57.

[2] 张炳胜，课堂环境下小学数学深度教学的资源设计 [J]. 数学学习与研究，2018（20）：68.

[3] 胡晓霞，"深度学习"视角下小学数学活动的优化 [J]. 数学教学通讯，2018（28）：22-23.

[4] 叶平平. 论新课程体系下数学课堂教学方式的转变 [D]. 武汉：华中师范大学，2005.

[5] 余冰. 小学生数学创新思维能力研究综述 [J]. 教育现代化，2018，5（36）：383-386.

[6] 阎乃胜. 深度学习视野下的课堂情境 [J]. 教育发展研究，2013，33（12）：76-79.

[7] 季国栋. 数学规定：理性对待 智慧处理 [J]. 数学研究与评论（小学教育数学），2013（10）：19-24.

[8] 王海峰. 让数学学习真正发生，须以情境为桥 [J]. 数学与管理，2018（8）：31-32.

[9] 屈佳芬. 引领学生深度学习：路径与策略 [J]. 江苏教育研究，2017（28）：72-75.

第七节　核心素养下小学数学探究性学习的实践研究

核心素养是指学生在当前的教育机制下，在面对相应学段的教学过程中，逐步养成的适应个体自身发展和适应社会发展需求的优良品质和关键素养。它是体现学生技能、知识、感情、价值观取向等多方位要求的综合体；它注重培养的过程，侧重于学生在认知过程中的所得所感，而非单纯地关注结果；核心素养不仅具有稳定性，还兼顾开放性和包容性，体现的是一个影响学生一生的不断优化的动态发展过程，决定着个体能否在将来的生活中更好地融入社会、开展学习，因此具有非凡的意义。

一、课题提出的背景

在新一轮国家基础教育课程改革中，特别强调学生学习方式的改善。《义务教育数学课程标准（2022年版）》明确提出：动手实践、自主探究及合作互动是学生开展数学学习的重要方式。新型的学习方式强调学生主体性学习和过程体验，注重探究性学习。

建构主义认为：人的认识不是对客观现实的被动反映，而是主体以已知经验为依托所进行的主动建构的过程。毫无疑问，学生作为学习活动的认知主体，也是参与建构活动的行为主体。学生要积极主动提升认知活动的参与性，没有了学生的参与，建构将失去意义。所以，如何调动学生的积极性，让学生主动参与，成为建构主体，是摆在教师面前的一大考验。对于教师而言，则要在教学活动中激发学生的主观能动性，通过情境设置营造课堂氛围，让学生设身处地融入进去，以主人翁的角色开展学习交流，培养他们的学习兴趣，为他们日后的发展打下良好行为习惯的基础。

就目前的学校教育教学过程而言，教师习惯于充当知识的传授者，习惯于把知识结论现成地告诉学生，从而养成学生接受式的学习习惯，长期下去，当他们需要创造性地分析、解决问题时，他们不愿甚至不会思考了。着眼于学生的未来，强化学生探究学习能力培养的研究，是完全必要的。

为此，我们确立"核心素养下小学数学探究性学习的实践研究"为实验课题，研究探索出在小学数学学科教学中培养学生探究能力的具体方法和策略，转变学生的学习习惯，促使学生积极主动地"动脑"和"动手"探究，提升学生的核心素养。

二、课题研究的意义

数学核心素养是关系到数学学科教学的核心素养，它具有特定的学科特点和学科育人价值。因而，小学数学教师在教学中，一定要结合学科的教学特点、实际情况及学生认知能力的差异，有针对性地展开核心素养的探究，重点体现数学学科核心素养的特点，挖掘学科价值，进而探索出如何促进学生全面发展，引导学生主观能动性，培养学生数学思维下的核心素养的教学思路，创新教育教学方法，优化教学思维，改进教学方法。

"探究性学习"作为新课程改革所倡导的一种科学的学习方式，正在学校教育教学活动中落地生根，关于"探究性学习"的研究，如雨后春笋般迅速成长。鉴于上述状况，加强小学课堂教学中探究性学习的实践与研究具有极其重要的实践意义。

理论意义：小学数学是一门拥有着观察、探究、思考、判断的综合性教学活动，目的就是培养学生探究性思维，注重教学过程中知识的接受、获取、运用实践，其改变以往传统的例题讲解、做题提升的单纯"教""学"方式，以探究性的方式，在教师的引导下抛出问题，学生大胆、开放地发现问题、探究解决方式，激发学生主动获取知识的兴趣。

小学数学学习过程是充满着观察、推断等探索性与挑战性的活动。在小学数学教学过程中引入"探究性学习"，就是要注重知识的发生、发展过程，彻底改变教师以例题、示范、讲解为主的"教"的方式和学生被动接受的"学"的方式，按照开展数学研究的方式进行教学活动，让学生在教师的组织、引导与合作下自己发现问题，并主动获取知识。这样，就能最大限度地减少教师的讲授，最大限度地满足学生自主发展的需要，充分让学生在"动手、动脑"中不断摸索提升，在主动发掘、深入探究、寻找解决中充分体现小学生学习的自主性，提升课堂教学的活力和效率。

应用价值：现阶段关于"探究性学习"的理论研究虽然比较多，然而真正将这些理论转化为实践教学的却比较少。为此，我们提出了"核心素养下小学数学探究性学习的实践研究"课题。通过此课题初步形成"探究性学习"在数学学科教学中实施的方式及在教学过程中运用的策略，使之具有可行性和可操作性。小学数学学科知识应遵从生活规律，摒弃原有的枯燥、机械、应试的"教""学"方式，以开放自由的形式在课堂上重现知识再造，并联系生活实际，力求探索、构建一个注重小学生自主学习和实践探究、注重课堂互动，营造课堂活跃氛围，让学生成为课堂上的主人翁，使小学生个体在有限的学习数学的历程中去掌握无限增长知识的能力——"学会探究"的新型课堂教学模式。

三、核心概念的界定

核心素养：指学生在当前的教育机制下，在面对相应学段的教学过程中，逐步养成的适应个体自身发展和适应社会发展需求的优良品质和关键素养。它是体现学生技能、知识、感情、价值观取向等多方位要求的综合体；它注重培养的过程，侧重于学生在认知过程中的所得所感，而非单纯地关注结果；核心素养不仅具有稳定性，还兼顾开放性和包容性，体现的是一个影响学生一生的不断优化的动态发展过程，决定着个体能否在将来的生活中更好地融入社会、开展学习，不断与时俱进、发展提升，因此具有着非凡的意义。

探究性学习：指小学生在数学课堂学习中，在教师指导下，用类似科学研究的方式去获取知识、应用知识、解决问题的学习方式。其实质是关心学生的实践活动和直接经验，使学生理解数学的基本思想和方法，体会数学的探索过程，体会数学与自然、社会、人类的联系，获得情感、能力、知识的全面发展和可持续发展。

四、课题研究的理论依据

（一）组织者策略依据——有意义学习理论

有意义学习理论是美国著名的教育心理学家戴维·保罗·奥苏贝尔提出的，提出教师可以根据不同的学习内容设计课堂教学，调控教学进程，从而促进学生进行有意义的学习。教学中必须以基础性为前提发挥学生主动性的作用，以主动性为指导发挥学生基础性的作用，这样，学生才能既学得主动，又学得扎实。实践证明，建立在有意义学习的基础上的学习才能使学生获得真正的知识，这种知识是有心理意义的，它融进了学生的知识结构，是学生自己的知识，学生可以自由提取，灵活运用，知识有机地镶嵌进学生已形成的认知序列之中，使学生的认知结构像滚雪球似的不断组织和重新组织。

综上所述，有意义学习才是科学的、生动活泼的、积极思维的、高质高效的学习，教学最终必须落实到学生的有意义学习上，检验教学是不是科学，其实际标准就在于是否使学生产生了有意义学习，这一点，我们在教学方法改革中必须予以重视。

（二）探究性学习理论依据——认知结构理论和建构主义理论

认知结构理论强调学习的组织者在组织安排学习内容时，应将学习者原有知识经验及教学过程中学习内容的设计与学习者头脑中的认知结构相适应，以便学生掌握发现数学的基本概念，发展学生探究与发现的能力。

建构主义理论认为学生在学习过程中，所获取的知识不是由教师传递而来，而是主动建构的过程。教师的作用实际上是通过教学引导促进学生主动建构并获取知识。学生在接受新知识时，头脑中并不是一片空白，在以往的生活和学习中，他们已经形成了丰富的经验。

五、课题研究的目标

（1）通过知识的创造、应用、发现让学生了解知识产生的过程，激发学生学习的主动性，形成探究性思维和良好的学习习惯。

（2）探索并形成小学数学探究性学习的实施途径及策略。

（3）通过本课题的研究进一步提高教师指导和组织学生学习的能力，提升教师的科研素质和研究水平。

六、课题研究的主要内容

（1）激发兴趣。培养并发展学生学习兴趣的策略，建立自信心，养成独立思考和合作交流的习惯。

（2）加强指导。通过现实问题，让学生发现并主动思考，探究解决问题的方式方法，合理运用所学知识活学活用。

（3）掌握方法。培养学生收集和处理信息、作出决策的能力。

（4）强化训练。在教学中运用行之有效的教学方法，提升学生的主观能动性，促进学生主体性发展。

（5）注重成效。探索激发学生创新思维和动手实践的能力，让学生学会遵守客观规律并在实践中学会解决生活中遇到的问题。

七、课题的研究方法

（一）研究方法

（1）文献研究法。收集材料，掌握理论，研究现象。在理论的指导下深入研究提高小学生学习能力的策略，并在实践中不断研究新问题、总结新经验。

（2）调查研究法。通过平时观察和问卷调查相结合的方式，了解学生在课堂中的态度与思维方面的实际情况，了解学生综合性实践学习的状况，分析原因，研究策略。

（3）行动研究法。坚持理论与实践相结合，边实验，边反思，边完善。组织教师在教学工作中积极实施本课题确立的内容，细化研究，将小学生研究性学习能力培养内容具体化；结合具体教学活动，将小学生研究性学习能力培养常态化；通过实践探索，将培养方法最优化；不断总结反思，提升研究成果，将实践性经验成果化。

（4）经验总结法。实验教师围绕研究课题，结合研究实践，积极进行经验总结，及时将教学实践上升为经验理论，并初步形成具有一定实用价值的经验体系。

（二）课题研究的步骤

1. 第一阶段：申报阶段（2020 年 5—8 月）

（1）确定研究课题，成立课题组。

（2）填写课题申报表。

（3）完成课题规划，做好课题申报准备工作。

2. 第二阶段：实施阶段（2020 年 9 月—2021 年 3 月）

（1）组织讨论制订开题方案。按照实施方案初步实施研究，采取边实验边思考，边学习边总结的方法，不断完善课题研究的方案。

（2）完成课题开题论证。完成课题研究理论准备和课题研究前期调查，完成课题开题论证。

（3）进行实验前问卷调查。

（4）实践研究。立足课堂阵地，探索有效教学策略，实验教师至少执教一堂课题实验公开课，通过观课议课，形成有效的课堂教学策略和方式，提高实验案例，为课题研究提供事实依据。

（5）完善理论，撰写教学心得、实验反思、经验论文等。

（6）每月召开一次理论学习，提升实验教师理论素养。

（7）按实验阶段召开阶段性总结会，交流研究心得和困惑，推进实验研究有序开展。

（8）及时收集资料，撰写阶段性实验总结。

3. 第三阶段：总结阶段（2021 年 4—5 月）

（1）收集资料，为结题做好材料准备。

（2）撰写课题研究报告。

（3）申请结题。

八、课题研究的主要过程

本课题自立项以来，按研究方案正常进行，主要过程如下：

（一）收集资料

收集学习相关的论题研究资料。前期我们系统地学习了小学教育的课程，结合课题研究需要，又重新学习了《小学教育心理学》《课程与教学论》《发展与教育心理学》，认真学习了《义务教育数学课程标准（2011 年版）》。教育理论和课程标准的学习为课题研究打下了坚实的基础。

（二）设计调查表

开展"学生发现问题能力调查研究"和"教师对提高学生发现问题能力策略调查"。问卷是以选择题的形式呈现的，分别从自主学习的条件、自主学习意识和自主学习现状三个方面，按照分层抽样的方式抽取了部分学生进行问卷调查。

（三）完成前测分析报告

我们发现：学生的自主探究学习条件不充分，小学高年级学生探究性学习的意识不太强烈，小学中高年级学生的探究性学习现状不容乐观。根据前测分析，我们从课题的提出、研究对象、研究内容、研究方法、研究步骤、措施、预期研究成果与经费预算等几个方面制订了详细的策略及方案。

（四）查找课题相关资料，借鉴相近的经验

课题组成员围绕学科，通过搜索查找案例，经过比较，认识好案例的特征。之后课题组分工对学科经典案例评议，提炼、归纳其中的精华与创新内容，结合教学实际情况，有针对性地设计教学思路，并有效分析研究。

（五）以课堂教学为主导

以课堂教学为主导，运用理论开展实践探索，及时总结、交流、实践所得到的教学经验。课题组定期举行课题课堂实践研讨活动，围绕课题开展课题中期交流活动，课题成果区内交流教研活动，并参与市级课题展示交流研讨活动。

1. 突出核心素养在小学数学教学中的渗透策略

（1）创设情境，培养学生知识技能素养。

小学数学涵盖很多数学公式及一些几何图形，具有一定的抽象性，不够直观。小学生在学习时往往在脑海中难以直观呈现，很容易混淆，影响其学习效果。因此，在教学中，教师应该创设情境，利用多媒体教学及教学器材等辅助性工具，进行现场展示或演示，让学生能够深刻感受并易于接受，拓宽学生的思维，培养学生的形象思维和空间意识，激发学生的学习兴趣。

例如，在学习"认识方向"一课时，为了更好地切入，笔者试着利用多媒体教学创设情境：一只小兔子和朋友外出游玩时不小心迷失了方向，它们约定在目的地集合，可是现在脱离了队伍，而它又不知道方向，虽然有地图也无能为力。正在这时路过的老马大叔帮助了它，我们都知道老马识途，能够很清楚地辨别方向。它告诉小兔子地图上的方向是"上北下南左西右东"，通过这个就能很清楚现在的位置和目的地的方向，只要沿着正确的方向就能准确到达。它还告诉小兔子如果没有地图，通过太阳也能辨别方向，早起的太阳在东边升起，面向太阳的一面是东，背面是西，左边是北，右边是南，这样无论去到哪儿都不会迷失方向了。通过这样的直观演示，并让学生上台指示方向，有效提升了理解能力。

（2）问题驱动，培养学生思想方法素养。

数学是一门抽象性很强的学科，需要培养学生的数学思维，这样才能在学习中将数学思维与现实有机结合起来，实现知识的活学活用。而问题驱动则是提升学生数学思维的有效助推器，能够引导学生通过好奇、探究、思考进而寻求解决方法。问题能有效提升学生的求知欲，培养主动学习的兴趣。因此，作为教师，要根据教学内容巧妙设置问题，抓住学生的兴趣，引导启发探究性思维，从而提升课堂气氛和学习积极性。

例如，在教授"一亿有多大"这一课时，教师巧妙地设置问题作为驱动力，吸引学生展开思考。

师：同学们，地球上目前有 80.2 亿人口，而我们中国是世界上人口最多的国家之一，你们知道我们中国有多少人口吗？

生：14 亿人口。

师：是的。之前我们都知道"个十百千万"，可是亿这个概念有多大，你们知道吗？

学生们陷入沉思……

师：亿这个概念比较大，相当于一万个一万，它的后面有八个零。我们知道一分钟有 60 秒，如果我们一秒钟数一个数，也要数上 3 年零 2 个月左右。

这样，通过问题引导，提高了学生们的课堂关注度，活跃了课堂气氛，提升了教学质量。

（3）生活实践，培养学生应用意识素养。

数学知识和我们的生活息息相关，随处需要用到数学。因此在课堂上要紧扣现实生活，用身边随处可见的事物带入数学教学中，让学生提升发现数学知识的能力，学会用所学知识，解决生活中遇到的问题，提升学生的生活参与感，也培养了学习的兴趣。

例如，在教授"多边形面积的计算"一课时，教师就借助生活常识，开展课外实践。让学生在校园内寻找不同的多边形，每种多边形物体不少于 5 个，提升学生的关注度。学生会发现三角形的尺子、长方形的书本、正方形的地板等。然后让学生通过尺子测量尺寸，计算发现的多边形的面积。很快学生们就能熟练掌握公式，课堂氛围浓厚，学生接受能力也极大提升。

2. 培养学生探究性学习能力的方法

（1）科学有趣的问题情境，激发探究。

在课堂教学中，创设科学有趣问题情境，可以让学生跳出当下的思维框架，激发思维活跃能力，引导学生想象探究。因此，创设情境时要有目的性地引导，选择一些符合学生年龄的感兴趣的事物，营造有启发性和创新性的情境，如讲故事、表演节目、看视频或者利用多媒体演示等。

例如，在教学"圆的认识"时，会先抛出问题，让学生们发现生活中的圆形物体。学生们脑海里会一一想象思考，寻找常见的圆形。通过思考学生会发现生活中离不开圆形。然后教师会现场演示并用多媒体展示一些常见的圆。通过观察，我们会发现圆形的用处很大，在生活中不可或缺，并结合古诗中的"月有阴晴圆缺"，理解圆满的意思，让学生对圆有更新的认识。通过创设科学情境，让学生的学习积极性大为提高，也激发学生将数学知识与现实紧密结合的意识。

（2）独立探究的时间和空间，自由探究。

在数学教学中，要给学生足够的时间和宽松的空间，让学生能够独自自由地发挥自己的想象力，每个学生的思维方式、思考角度不同，可以极大地弥补个体间的认知盲区，提升学生们的认知范围。

例如，在教学"圆的认识"时，为了让学生更好地理解圆的周长、直径、半径等的联系，让学生自己动手摸索。各自利用圆规画出一个半径5厘米的圆，确定好圆心，让学生随机通过圆心对折一条直线，通过测量折痕，发现每一条长度为10厘米的折痕即为直径，圆的直径有无数条，直径长度为半径的2倍。折法不同，结果都一样，进一步让学生动手验证结果，深刻掌握这一知识点。

（3）合作与交流环境，高效探究。

在课堂学习中要加强交流与互动，营造积极向上的交流环境，同学们通过沟通交流展示自己的观点，彼此之间观点互碰，拓宽学生的思维空间，通过合作提升学生的凝聚力，学会互相欣赏、互相尊重，学习氛围轻松愉快。

在教学"三角形内角和"时，让学生先画一个三角形，然后分别测量三个角的角度，求得内角和，学生们个体之间因为误差，结果在180°左右。通过让学生们合作，大家共同对一个三角形内角求和，彼此之间通过折角拼凑的方式验算得出内角和为180°的结论。

（4）开展实践活动，提升探究。

要尊重客观现实，引导学生们用理论联系实践，开展社会实践活动，在实践中发现数学元素，直观形象地了解客观规律，寓教于乐，并指导学生用数学知识解决现实中的问题，活学活用，思维开阔，全方位地将知识融会贯通。

（5）召开中期评估会，成果推进会。

在中期评估会中，专家对研究所取得的成绩予以肯定，同时针对课题研究中出现的问题也提出了相关建议和解决措施。根据专家提出的意见并结合学校实际，课题组调整了研究的策略和部分目标，对已经取得的研究成果进行了回顾和梳理，并形成书面材料。同时，对理论成果进行了推广运用，在实践中验证、反思、矫正，使既得研究成果得以补充和完善。

（6）收集资料，汇总成果。

课题组成员进行研究总结，形成一定数量和质量的论文，积累一定数量的典型优质课例等，收集整理资料，总结研究成果，对研究成果进行分析，并在此基础上写出本课题研究报告，组织结题工作。

九、课题研究成果

通过该课题的研究，激发学生的学习兴趣，培养学生发现问题、提出问题、分析问题、解决问题的能力，加强学生之间互动交流，提升合作意识，让学生在数学学习中学会用数学的思维去思考、用数学的眼光去观察、用数学的语言去表达。

（1）建立了独具特色的探究性课堂教学模式。通过教学引导，创造情境，激发学生独自思考、交流互动及创新的能力。

（2）更新教学理念，优化教学方法。学生是教学的主体，要培养学生学习的主动性。通过教学实践，注重引导激发学生的好奇心和兴趣，唤起学生的探究性思维，调动学生的学习潜能，提升课堂教学参与度。

（3）学生自主学习、合作交流和探究性思维逐步提升。每个学生的关注点和思维不同，让学生独立思考，教师绝不暗示，可以做到取长补短，拓宽思维局限性，提升学生交流合作的意识，让每个学生参与其中，提升学生的自信和团队协作能力。

（4）教师教学设计及对教材理解更加深入。教师们不再局限于教材，活学活用，能够跳出教材的框架巧妙进行课堂设计，教学方法、理念及教师思维和眼界都得到进一步提升。

（5）提升学生的认知水平，课堂教学效率显著提高。营造良好的学习氛围，提升学生学习的主动性，激发学习的兴趣，学生从被动接受到主动探究，对知识理解由点到面，能够融会贯通。同时，学生间良好的交流互通，互相促进也刺激彼此的竞争意识。

十、研究分析结论

（一）学生方面

在课题研究前，我们对学情进行分析，发现多数学生一般只习惯于思考教师提出的问题，不会主动地去发现问题、提出问题。而自主探究性学习的课堂的实施，突出了学生的主体性，激发了学生的兴趣，学生开始建立问题意识，能够独立或以小组合作的方式进行探究性学习，能够交流、分析、得出问题的答案，同时，在发现、掌握、运用规律中养成探究的品质和坚毅的性格，强化学生的思维培养。

以下为课题研究前、后期进行的一些调查统计情况（表3-7和表3-8），调查样本为在课题组教师所教班级中随机抽取的300名学生。

表3-7　学生问题意识及合作学习能力调查统计情况

单位：名

问题	经常		偶尔		不能	
	研究前期	研究后期	研究前期	研究后期	研究前期	研究后期
你在数学课上能够主动发现问题吗？	95	137	165	160	40	3
你敢于向权威挑战，发表自己的不同见解吗？	27	69	222	204	51	27
对于同学提出的问题，你能大胆猜想、进行验证吗？	120	173	151	118	29	9
你能用与众不同的方法解决讨论的问题吗？	86	118	195	161	19	21
你能毫无顾虑地说出自己的新想法吗？	109	147	143	123	48	30
你能客观地评价别人或自己吗？	146	211	123	75	31	14
你能积极主动与小组成员合作交流展示自己吗？	151	198	114	94	35	8

可以看出，培养探究性学习能力的课堂教学实践，使大部分学生养成了乐于表达、敢于质疑、勤于思考的学习品质；学生的创新意识、探究精神和自学能力都得到了提升。课堂上充满积极探究的气氛，学生对数学学习的兴趣、信心有所增强，既优化了学生的学习过程，也促进了学生素质的提高。

表 3-8 学生学习兴趣调查统计情况

问题	很高		比较高		一般		不高	
	研究前期	研究后期	研究前期	研究后期	研究前期	研究后期	研究前期	研究后期
你对数学课兴趣高吗？	180	209	99	80	12	6	9	5
你参与探究活动的积极性高吗？	84	137	120	131	57	11	39	21
你对探究问题根源的兴趣高吗？	181	203	75	81	30	10	14	6
你对课堂上出现的问题有好奇心吗？	133	172	121	101	40	26	6	1

（二）教师方面

1.加快自身素质的提高

教师在教学活动中不再仅仅照搬之前的经验习惯性地结合新理念、新的教学方法及班级实际情况，而是总结教学规律不断地与时俱进，注重创新思维。在课题研究中教师们参加了大量的理论学习，通过实践研究，反思、总结、撰写了数篇有价值的课题研究论文和教案，并多次进行与课题有关的公开课教学研讨活动，提高了教师们的业务水平。

2.树立正确的师生观

探究性学习能够充分调动学生的积极性，营造良好的课堂氛围，师生在课堂上也能更加平等对话。通过课题研究及教师理念的变更，大家都意识到要改变传统的教育思想，教育教学贵在专，也贵在钻；充分尊重学生，给学生建立一种民主的学习环境；注重学生学习的过程，由关注"学会"到关注"会学"，从关注学习的知识转变为关注学知识的人。

（三）成效方面

由于进行课题研究，课堂教学较好地体现了低耗高效的教学思想，课堂教学日趋科学化、规范化、高效化，有效地提升了课堂氛围和教学质量，学生成绩有了很大的提高。本课题涉及的相关问题研究取得的成果，对教师的学科核心素养提升、实践性理论提升、教学经验积累、课改研究和实施能力具有十分重要的意义，有效地促进了教师的专业成长。

十一、课题研究存在的主要问题及今后的设想

虽然课题研究取得了一定的成果，但在研究的过程中还存在不足之处，如教学过程更依赖于教师个人教学素养的支撑及教师如何在应对繁重的教学任务中长久地坚持课题研究的教学方式。总之，在今后的教学中，我们会从课堂的有效教学出发，从学生的自身发展出发，不仅要不断学习新知识，合理地运用教材、研究教材，还要注意尊重学生、关注学生，合理运用和安排各种教学手段与环节，让学生积极地参与课堂教学活动，培养学生主动探究知识和合作交流的意识，使学生在良好的课堂氛围中体验到学习的乐趣，促进学生数学思维、心理发展、价值观等同步协调发展，提高和完善学生的数学素养的同时，提升小学数学课堂教学的有效性。

📖 参考文献

[1] 中华人民共和国教育部.义务教育数学课程标准（2011 年版）[M].北京：北京师范大学出版社，2012.

[2] 教育部基础教育司数学课程标准研制组.全日制义务教育数学课程标准（实验稿）解读[M].北京：北京师范大学出版社，2002.

[3] 朱德江.小学生数学素养的构成要素与培养策略 [J].学科教育，2004（7）：27-31.

第四章

教育思考

第一节 借助数学阅读，促进学生理解

《义务教育数学课程标准（2022年版）》对课程内容组织提出了"三个重视、处理好三个关系"的要求，即重视数学结果的形成过程，处理好过程与结果的关系；重视数学内容的直观表述，处理好直观与抽象的关系；重视学生直接经验的形成，处理好直接经验与间接经验的关系。学生对数学知识的学习以透彻理解教材编排的数学知识为前提和基础，其中对教材中文字、数学符号、图示图表等数学语言的阅读就显得尤为重要。从数学阅读视角思考与审视学生的数学学习过程可以发现，学生对每一种数学语言要素的理解，决定了学生对数学信息的捕捉、理解、联结的程度，也决定了对数学知识的理解程度。在一定意义上，数学阅读是达成"会用数学的眼光观察现实世界，会用数学的思维思考现实世界，会用数学的语言表达现实世界"核心素养的纽带与桥梁。因此，面向培养学生数学核心素养的数学教育，重视数学阅读的价值，凸显数学阅读的地位，理应成为教师教学中必须考虑的重要环节。

一、激发学生阅读兴趣，以"疑"导读

兴趣是最好的老师。美国心理学家杰罗姆·布鲁纳说："学习的最好刺激乃

是对所学材料的兴趣。"要激发学生的阅读兴趣，可以让学生带着问题去阅读，让学生在阅读中发现问题、提出问题、分析问题、解决问题。

数学语言简练，叙述严谨。但是对学生来说，阅读数学书上的概念、规律等，就不如阅读语文课本那样有趣，往往会觉得乏味枯燥，并且不容易理解。那么，教师在课堂上要求学生阅读教材，就要先让学生明白为什么要阅读，是为了解决什么问题而读，有了目的再去阅读，学生才能有的放矢，才会带着问题去阅读，才能在阅读教材的过程中寻找问题的答案。

在教学实践中，从学生生活实际出发，创设学生熟悉的、感兴趣的情境进行教学，激发学生的兴趣，要让学生知道数学知识"从哪里来"，又"到哪里去"。在数学教学中，教师尽可能地结合数学课程内容，拓宽学生的知识视野，让他们感受数学的文化价值。例如，在教学苏教版小学《数学》三年级下册的"24时计时法"时，教师给学生布置阅读任务：了解普通计时法和24时计时法；观察并发现生活中24时计时法的场景；普通计时法和24时计时法怎么转换？计算经过时间的方法有哪些？学生根据布置的任务，仔细阅读课本，理解什么是24时计时法，什么是普通计时法，并通过阅读自学计算经过时间的方法，逐步发现规律、掌握方法，并初步形成技能。

二、动手动脑来阅读，以"动"带读

数学语言有自己的特点，非常简洁。一些数学概念、数量关系通常是隐藏的，因此数学阅读也有其自身的独特性，就是在阅读过程中，要把数学语言转化为学生容易理解的语言形式，这样教师在教学中可以引导学生边读边画，边读边写，边读边做。

例如，在教学苏教版小学《数学》四年级上册"垂线与平行线"中的"画平行线"时，让学生先自己阅读数学课本，自学一遍画平行线的方法，可以在方格纸上画，也可以沿着直尺的对边画，然后在小组内交流画法，并按自己的理解想办法画一组平行线，在画的过程中将遇到的问题提出来，全班同学帮助一起解决。同时注意两点：一是不必拘泥于某一种特定的画法，而要鼓励学生想出不同的画法；二是要让学生在介绍画平行线方法的同时，说清楚为什么这样画出的两条直线是相互平行的。通过展示与交流，学会画平行线的方法，并在这一过程中加深对平行线特征的感知，发展学生空间观念和几何直观能力。

三、分类正确阅读，以"类"阅读

数学课本的内容除了知识的讲解，还有很多概念、定理、公式及图表等。在数学课中，要让学生能正确阅读以上内容，才能有效掌握数学知识。

（1）数学概念阅读。要能够正确理解其中的字、词、句的意思，要能够把概念中的语句转换成数学语言，能够把一些相近的概念区分开来，了解它的应用范围，课本中的概念一般都不是太难理解，都是以举例子的方法，让学生对概念有一个初步的了解。例如，苏教版小学《数学》三年级下册第六单元"长方形和正方形的面积"中，对面积含义的解释是：黑板面的大小是黑板面的面积，课桌面的大小是课桌面的面积。学生阅读之后了解了什么是黑板面的面积，什么是课桌面的面积，进而通过思考，也能知道课本面的面积是什么。这就是说，阅读概念要正确理解概念的字、词、句，并能够进行思考，把概念中的语句转换成数学语言，举一反三。

（2）数学公式阅读。要能够弄明白公式的推导过程，知道公式是怎么来的，了解公式的应用条件，不仅会用公式，还要能够会用公式的逆用等。例如，小学三年级面积单位运用的练习题中，有的题目直接运用长方形和正方形公式就能够算出面积，但也有已知面积和长求宽，或者已知面积和宽求长的题目。这就要求学生能够灵活运用公式，能够逆用公式。

（3）例题阅读。例题是数学学习中非常重要的一项，例题的阅读要能够理解题里面的条件和问题，认真审题，分析解题的关键所在，还要在学完例题后，进行思考，能够举一反三地运用，这才是读懂了例题。

四、抓关键词阅读，以"辨"明读

在数学的解决问题过程中，关键字、关键词的理解很重要，必须理解准确透彻，才能正确地解决问题。例如，低年级在解决问题时经常会见到"一共""剩下""吃了""走了""又来了"等词语。在阅读的过程中，让学生把这些关键词圈起来，并理解这些词语的含义，或者用动作和语言相结合的方式描述一下场景，然后再让学生列式计算。

数学阅读的特殊性，决定了数学阅读要求学生要更加认真细致，要求读、写结合，需要记忆重要概念、原理、公式等。因此，数学阅读实质上是一个积极能动的认知过程，通过不断地假设、证明、想象、推理来实现；同时，数学阅读实际上也是一个信息加工过程，是阅读主体对阅读材料的认知、理解、吸收和应用的复杂心智过程，是人们学习数学的一种途径。

有一调查资料证明：数学阅读与数学学业成绩呈正相关，会阅读的人成绩就好。促进学生理解就要多读，"书读百遍，其义自见"，这是古人的归纳，也是真理，在数学教学中，读数学举足轻重，不可小觑。

在小学数学的教学中，教师要注重加强学生的数学阅读，通过阅读数学课本，培养学生的学习兴趣，激发学生思考，促进其对数学知识的理解，以读促思，以读促学，减少学生学习中的依赖性，增加学习的独立性，有利于学生主动获取知识、发挥潜能，培养他们发现问题、分析问题、解决问题的能力，培养学生的综合素养。

第二节　整体建构知识，贯通前后联系

——"解决问题的策略"教学实践与反思

《义务教育数学课程标准（2022年版）》提出了"探索大单元教学"的要求，明确指出："改变过于注重以课时为单位的教学设计，推进单元整体教学设计，体现数学知识之间的内在逻辑关系，以及学习内容与核心素养表现的关联。"任何一个知识都不是孤立存在的，而是存在于纵横关联的知识体系之中。

"解决问题的策略"单元是苏教版最有特色的内容之一。苏教版小学《数学》从三年级上册起增设"解决问题的策略"单元直至六年级。每册书中的"解决问题的策略"单元均有不同的主题，它们分别是：从条件想起、从问题出发、选择从条件或问题出发、画图、列举、假设、转化、选择策略。这些主题相互独立，没有交集，但其实所有的主题都围绕着解决问题的基本步骤这一条主线展开。这个模块的课该怎么讲呢？我们认为应该从整体建构开始，注重把握细节，让解决问题的策略扎实落地，课程流畅，但不流于形式。

一、一个中心——合理的问题

何为解决问题中的"问题"？文献中的观点有许多，整体看基本可以分为两类，即基于现实情境的数学问题和没有情境的纯数学问题。无论是哪种问题，一个好的数学问题都应满足三个特征：一是初次遇到的新问题；这指的是有研究价值的问题，如果一个数学问题既不需要用新知识就能解决，又是为解决问题而设计的假问题，那就是没有价值的问题。二是克服障碍的研究活动；研究活动要能够突破学生的认知层级，实现学生低阶思维向高阶思维的跨越。三能生成新的知识；即学生通过数学活动，在知识上、技能上、思想方法和数学经验上都有提高。综上，需要解决的数学问题要有价值、有梯度、有内涵。

《义务教育数学课程标准（2022 年版）》中共 172 次提到"情境"一词，有"真实情境""现实情境"等 12 种，由此可见创设合理情境的重要性。情境赋予问题以情以境，让学生在情境中解决问题，提高学生用数学知识解决生活中实际问题的能力。

二、一条主线——解决问题的步骤

对比人教版和苏教版小学《数学》教材，不难发现两种版本教材虽然编排和选题各有不同，但都强调解决问题的一般程序，即做题的步骤。人教版小学《数学》教材提供了解决问题的一般步骤，分别是：阅读与理解、分析与解答、回顾与反思。苏教版教材中的解决问题都按照"理解题意—分析数量关系—列式解答—回顾反思"四个基本环节展开。苏教版教材的处理方式与美国数学教育家波利亚在《怎样解题：数学思维的新方法》一书中"四个阶段"不谋而合。

不管是三个步骤还是四个步骤，都在强调逻辑的顺畅和层次的清晰，也都指向解决问题的内在心理机制，即问题识别、问题表征策略、选择策略、应用结果评价。所以，无论是"解决问题的策略"中的哪节课，都要把握好解决问题的步骤，帮助学生捋顺思路，形成解决问题的思维程序。

在学习苏教版小学《数学》四年级上册"解决问题的策略"前，学生只是感知解决问题的四大步骤，并没有严格地总结和凸显，所以，总结解决问题的四大步骤也是本节课的一个重点。如果学生在这之前有丰富的经验，那么讲课时可以让学生总结。如果学生思路不清，就需要教师在此多做停留，引导学生梳理、总结，明晰思路。

三、一个重点——解决问题的策略

苏教版小学《数学》教材"解决问题的策略"单元直至六年级都有不同的主题，这些主题下对应了很多解决问题的策略。这些策略有主次之分，如苏教版小学《数学》三年级上、下册中的"从条件想起"和"从问题出发"，这是最基本的策略，也就是综合法和分析法。综合法是一种边读边想的方法，因而是最自然的思考方法，可以无师自通。分析法就是从问题入手，然后追溯解决问题所需的条件，直到问题得以解决。

如果说分析法和综合法是解决问题的一般方法，那么画图、列表就属于辅助方法。辅助表征条件和问题，厘清题目中的数量关系。而列举、假设、转化等属于特殊方法，因为这些方法不具备普遍性，它们只有在特殊的情况下才会使用。所以数学问题无论怎么解决，都始终基于"分析法"和"综合法"进行展开。

　　当然，教学重难点的设定还要考虑学生，如果学生对列表法感到困难，教学时可以多做停留，学生尝试后梳理总结列表的方法。教学中可以将解决问题的步骤、从条件或问题出发、列表法设定为教学目标，然后根据学生的需求，选择性地将这些目标设定为教学的重点和难点。

　　如果将列表作为重点，那首先需要凸显列表的必要性。同时，还需要梳理列表的方法：分清数量的类别，相同类别的数量写在同一行或同一类；去掉繁杂的文字，并且要做到不重复、不遗漏。引导学生按序思考、一一列举、全面考虑，让学生领悟到列表法的"魂"。

四、一个关键——分析数量关系

　　数量关系可以被理解为数量与数量之间的关系，分析数量关系是解决问题的关键。在《义务教育数学课程标准（2022年版）》每个学段的内容要求中都有"数量关系"的具体要求，可见数量关系在数学学习中的重要性。解决问题的核心主要是厘清题目中的数量关系。分析问题时如果能将比较隐蔽的、不易发现的数量关系在列表时呈现出来，那么用列表法分析问题的优势就更加明显了。

　　本节课，我们设计了从条件入手分析数量关系和从问题入手分析数量关系。通过对比让学生体会，无论是从条件入手还是从问题入手分析，解决问题所用的数量关系都是一样的。

　　"解决问题的策略"中的每一节课都可以从整体入手，按照解决问题的基本步骤设计，让教学环节符合数学逻辑。关注细节，通过对教材的分析和对学情的把握，锚准教学的重、难点，让"解决问题的策略"课不仅流畅，而且将重、难点的突破落到实处。

总之，小学数学单元整体教学是核心素养导向下教学改革的有效尝试，是学科育人的有效路径，需要教师长期实践与探索。整体构建知识网络本身就具有整体性和结构化的特点，需要灵活地重组和整合，才能促使教师真正实现教学创新的目标。

第三节　深度理解算理，有效建构算法
——"分数乘分数"磨课经历与思考

计算教学是小学数学教学的主要内容之一，是培养学生运算能力的重要载体。但在实际教学中却存在很多问题：有时对算理理解不够，找不准教学的切入点和落脚点；有时忽略算理与算法的关联，导致算理与算法割裂；有时只重视计算技能的机械操练，忽视对算理的理解；等等。

"分数乘分数"是苏教版小学《数学》六年级上册的内容，这部分内容是在学生理解分数乘法的意义，掌握分数乘整数计算方法的基础上进行教学的。这是学生首次学习分数乘分数，需要感知它的意义和算法。教材例4通过"分→取→再分→再取"操作，让学生在直观图上体会数量关系，根据"求一个整数的几分之几是多少，可以用乘法计算"推理得出"求一个分数的几分之几是多少，也可以用乘法计算"，进一步完善分数乘法的意义，同时在图中看出两道分数乘分数算式的积。让学生在"看图→列式→求积"的过程中感受"分子相乘，分母相乘"的可能性。"分数乘分数"这节课前后推翻了两稿，最后呈现的是 3.0 版，而且每一次都是完全推翻，重新打磨……

第一次磨课：1.0 版是从长度乘长度等于面积出发进行设计的，源于张奠宇教授有关"分数乘分数"的理论，把"分数乘分数"带到长度与长度相乘等于面积的情境中进行探究，学生对于算理比较容易接受，算法也很快得出来，但是由于从这个角度看图，看的是边，是长度，而课本上例题看的是面，最终学生在做看图列式时会出现错误，而这恰恰是每次考试的重、难点，所以第一

稿 1.0 版被彻底推翻了。

第二次磨课：2.0 版是从两个层面进行探究的，一是画图，二是从分数单位角度进行推理，主要是为了让学生打通分数乘法、整数乘法和小数乘法的一致性，最后感觉过于刻意，学生并不是太好理解如何从分数单位角度进行推理，而且画图中出现了一定的问题，占用了一部分时间，导致两种方法都没有深入理解，所以 2.0 版又被推翻了……

第三次磨课：通过以上两次磨课，我们可以发现，"分数乘分数"的算法十分清晰，但其算理有种"雾里看花"的感觉。教材中的"图示"直观解释了"分数乘分数"的含义及计算结果。如何让学生感悟到乘法运算的一致性？加减法运算的一致性比较容易理解，其本质是"相同计数单位上的数字相加、减"，而乘除法运算的一致性理解，需要先理解"计数单位相乘得到新的计数单位"。基于对乘法运算一致性的理解，再看教材例 4 和例 5 中的 4 个算式，$1/2 \times 1/4 = 1/8$是"分数单位相乘得到新的分数单位"；进而在 $1/2 \times 3/4 = 3/8$，$2/3 \times 1/5 = 2/15$，$2/3 \times 4/5 = 8/15$的实例中理解"计数单位上的数字相乘"。基于现行六年级学生对数的运算已有认知，"老教材"与"新课标"的"代沟"使得学生尚未具备演绎推理来推演算理的能力。如何让学生借助直观操作说明计算的道理，在"老教材"与"新课标"的"代沟"上搭座桥，使学生在学习中能感悟"计数单位"的核心价值，感悟数运算的一致性？"分数乘分数"这课时的学习中，需要充分展示"分→取→再分→再取"的操作过程，让学生在"做中学"，在"学中悟"，引导学生感悟"产生新的计数单位"，感悟"计数单位上的数字相乘"。

总之，在教学实践中，教师要抓住计算教学的两条主线——算理理解和竖式记录。其一，要体现算理理解的层次性，真正弄清楚"理解算理"这一目标的教学内涵和不同水平；其二，要重视竖式记录的关联性，竖式记录应当对应整个算理理解和思考的过程，即做好情境意义、计算过程与竖式记录的关联。因此，教师要实施法理兼顾的教学，使计算教学真正做到循"理"入"法"、依"理"驭"法"，逐步提升学生的运算能力。

第四节　整体架构，关联互生

——由一节课引发的思考

不少教过四年级"除数是整十数的笔算除法"的教师都有这样的体会：学生在学习这一内容前对于除法已经有了不少了解，这种"已有的知识"往往会造成学生在学习时缺乏激情与探索欲望。如何基于学生已有的知识先破后立，让学生理解掌握笔算方法，并能熟练正确地进行计算呢？

在一次公开课活动中，一位教师在教学这节课时，借助学具有效地帮助学生理解"除数是整十数的笔算除法"的算理，掌握试商方法及商要写在哪里，突出本节课的重点和难点，并利用旧知迁移，沟通、实现知识及方法间的前后承接，建构知识体系，给笔者留下了深刻的印象。

一、唤醒经验，引发思考

教师先利用学生已有的生活经验和知识基础，让学生将除数是一位数的笔算除法的笔算方法（除的过程、试商方法等）迁移到本节课中，让学生经历理解算理、掌握算法的过程，实现知识及方法间的前后承接，发展学生迁移类推的能力，为后续学习打好坚实基础。

【片段1】

师：同学们，阅读节到了，学校购进了一批新书，请读题。根据题意，谁会列算式？

生：$92 \div 30$，$178 \div 30$。

师：这两个算式有什么特点？对，这就是我们今天要学习的"除数是整十数的笔算除法"。（板书课题）

师：观察 92÷30，你能想到我们学过的哪个除法算式？

生：想到 92÷3。

师：92÷3 怎么计算？商为什么写在十位上？

生：十位上的 9 表示 90，90÷3=30，商应该写在十位上，表示 3 个 10，余数是 2。

师：两位数除以一位数的计算方法又是什么？

二、借助直观，理解算理

计算教学要有效发展学生的运算能力，必然要面对算理与算法的关系处理，掌握算法是重点，理解算理是难点。理解算理之所以成为教学难点，主要因为算理是内隐的、抽象的。以形象思维为主的小学生理解抽象的算理比较有难度，要想突破这一难点，就需要教师根据教学内容，尽可能选择可视、可感的学习材料，给学生创造动手操作的条件，把抽象的算理蕴含在具体形象的直观演示和动手操作的过程中，引导学生在直观操作中积累思维经验，帮助学生的思维逐渐从形象走向抽象。因此，直观操作是学生感知和理解算理的重要手段。

【片段2】

师：92÷30 该怎么计算呢？请大家拿出学具动手摆一摆、圈一圈、算一算，再进行小组内交流。

第一组：用92根小棒表示92本书，每班30本，也就是以30根小棒为1份，可以分成这样的 3 份，说明可以分给 3 个班，还余下 2 本。

第二组：是用方格图研究的，92 个小方格表示 92 本书，每班 30 本就以 30 个小方格为一份，一共可以分成 3 份，同样说明可以分给 3 个班，余下 2 本。

第三组：用 92 元人民币表示买 92 本书，30 元表示每班分的 30 本，一共可以分成 3 个 30 元，就表示可以分给 3 个班，余 2 元，表示还剩 2 本。

师：刚才同学们用不同的方式都得到了 92÷30=3（个）……2（本），这些过程在数学上可以用一种简洁的方法表示出来，就是列竖式计算。

结合板书的竖式，教师说明：商 3 表示的是 3 个班，92 是这些书的总本数，90 是被 3 个班分走的本数，2 是余下的本数。我们根据操作过程从量的意义上理解了这个问题，那么从数的意义上来看，3 为什么要写在个位上？92 里面有 3 个 30，所以商 3，3 要写在个位上，表示 3 个 1，30 乘 3 等于 90，92-90=2，余数是 2。

需要说明的是，无论是动手操作还是竖式计算，背后的算理是一样的。但因为动手操作形象直观，学生更容易对外在的操作材料和操作过程产生深刻印象，反而不容易发现蕴含在操作中的计算道理。教师在这个过程中要及时对蕴含算理的关键动作进行强调和解读，帮助学生体会动作中的数学内涵。只有这样，直观手段才能真正为算理提供支撑。

三、沟通联系，感悟算理

计算教学中，要加强算法之间的沟通联系，创造机会让学生学会类推迁移，明白不同算式在算法上是类同的，帮助学生在对比联系中感悟算理，看到计算的本质。

【片段 3】

师："两位数除以整十数"我们通过大家的智慧共同解决了，那么 178 ÷ 30 你们会算吗？

让学生尝试独立计算。

师：被除数的前两位比 30 小，该怎么办呢？

生：当被除数的前两位比 30 小，要看前三位！

师：那怎么想商呢？

生：计算时要想 30 乘几接近 178 且小于 178，我们知道 30 × 5 接近 178 且小于 178，所以商 5，余 28，注意余数要比除数小。

师：商 5 要写在哪一位上？

生：个位。

师：为什么写在个位上？

师：回顾 92÷30 和 178÷30 的计算过程，有什么相同点和不同点呢？想一想"除数是整十数的笔算除法"计算的方法是什么？

可见，让学生对比联系不同算式的相同算法，会促进学生对方法的深度思考，使学生对算理的理解更加深刻，从而能从一个更高的层面领悟算理的本质，对发展学生的抽象能力和推理能力意义重大。

四、关联互生，优化思维

教师要做好思维成果的收集者和有序的呈现者，更要做实践活动和思维活动的连接者。在教学 92÷30 和 178÷30 的计算过程中，让学生看到计算方法有别，但算理一致，比较二者的相同之处和不同之处，实现"法"与"理"的共融，发现计算背后的内在联系，为学生开启相关知识的学习带来思考力的增量。

【片段4】

师：同学们，我们今天通过小棒、方格图、人民币的方式理解了"除数是整十数的笔算除法"计算的道理，又能从数和量的角度对这种道理进行解释。

师：关于整数除法的计算，我们二年级学习了"表内除法"，到三年级学习了"除数是一位数"的除法，四年级我们又学习了"除数是两位数的除法"，想一想接下来我们该学什么呢？

生：除数是三位数、四位数的除法。

师：到这单元结束之后，我们对于整数除法的学习就结束了。你们知道为什么吗？

生：计算方法都是一样的。

师：真善于思考！除数是多位数的除法和除数是两位数的除法计算方法是一样的，通过类比就能进行计算！

总之，在计算教学中，教师要充分关注学生计算背后的思维活动，运用多种手段促进学生对算理的理解：明晰意义，解释算理—借助直观，理解算理—沟通联系，感悟算理。学生只有深刻理解了算理，才会在掌握算法的过程中使思维得到发展，使运算能力得到提高。

第五节　巧设问题，导出精彩
——"认识几时几分"教学片段与思考

新课程标准强调，在教学过程中要充分发挥教师的主导作用和学生的主体作用。要想真正体现出学生的主体地位，就离不开教师的有效引导。引出内容、启发思维、沟通情感、反馈效果都离不开提问，它贯穿于课堂教学的全过程。一个好的课堂提问能够使学生的注意力迅速集中到特定的事物或学习主题上，能够促进学生的思考、引发学生的联想。因此，教学中教师要善设情境、巧设问题，"问"出学生的学习热情，"问"出学生的思维火花，"问"出课堂的精彩。下面是"认识几时几分"教学片段与思考。

一、问题导入，激发兴趣

师：同学们，一年级我们已经知道了整时，那这些钟表面上的时刻你们认识吗？

生：3时、7时、8时整（课件出示3时、7时、8时整）。

师：大家回答得又准又快，分针指向12，时针指向几就是几时。（课件出示8时5分）现在还是8时整吗？虽然分针不再指向12，但是时针走过了8，所以现在是8时多（钟面出示8时5分）。

师：这个时刻呢？（钟面出示9时10分）

生：9时多。

师：这个时刻？（钟面出示 10 时 15 分）

生：10 时多。

师：说得对！当分针不再指向 12 时，时针走过几，就是几时多！那到底是多少呢，今天我们就来继续学习。

【思考】导入是一节课教学活动的开始，直接影响到整节课的效果。课始，教师直接明了创设问题的情境，吸引了学生的注意力，激发了学生的好奇心。一连串的问题，不仅充分调动了学生的学习兴趣，使学生积极投入到探索中，而且能够让不同思维水平的学生都乐于参与其中。

二、以问促思，发展思维

师：我们来观察钟面，除了 12 个数之外，你们还能发现什么？

生：钟面上每相邻两个数之间有 1 大格，一共有 12 个大格，时针走一大格是 1 小时。

师：对，时就是时间单位（板书：时针走 1 大格是 1 时，课题：时）。

师：那 1 大格里有几小格呢？

生：1 大格里有 5 个小格。

生：钟面上一共有多少个小格呢？请你们用自己的方法数数看。

生 1：：我是 1 小格 1 小格地数，1、2、3、4、5、6、7……一直数到 60 个。

生 2：我是 5 小格 5 小格地数，5、10、15、20……一共有 60 个小格。

生 3：我是用 5 的乘法口诀来帮忙，一五得五、二五一十……也是 60 个小格。

师：大家通过不同的方法，都数出了钟面上一共有 60 个小格，那这些大格和小格对我们认识时间有什么帮助呢？

师：同学们请看大屏幕，分针走 1 小格是 1 分钟（板书：分针走 1 小格是 1 分钟）。分也是时间单位（板书：分）。分针走 1 大格是几分呢？同学们反应真快，对，是 5 分，因为 1 大格里有 5 小格！

当分针从 12 起走到 1 时是 5 分，走到 2 时呢？是 10 分，走到 3 时呢？是 15 分……分针走到 12 时，是 60 分。（课件出示）

当分针走到 12 时，正好走了 1 圈，也就是 60 分。与此同时，大家注意到了吗？时针也悄悄发生了变化。它是怎么变的呢？让我们来分组观察一下，男生观察时针，女生观察分针，看清楚了吗？我们再来交换一下，女生观察时针，男生观察分针，再来看。你们发现了什么？

小组讨论，汇报交流：时针和分针同时转动，分针转得快，时针转得慢，当分针走了 1 圈时，时针正好走了 1 大格。分针走了一圈是 60 分，时针走 1 大格是 1 时，所以 1 时等于 60 分。当分针走到 6，就是走了 30 分，正好走了 60 分的 1 半，也就是 1 小时的 1 半，所以 30 分也可以说成半小时。

【思考】学生的思维活动总是由问题引起，又在不断分析和解决问题的过程中得到发展。本环节教师恰当、有效的提问，一方面引导学生发现了"分针走 1 小格是 1 分"的规律；另一方面让学生明白分针走了一圈是 60 分，刚好时针走 1 大格是 1 时，所以 1 时 =60 分。此环节生生互动、师生互动，使学生对钟面的认识更完整、更深刻，促进了学生思维能力的提升。

三、巧设问题，导出精彩

师：我们刚才学习了"时"和"分"两个时间单位，那么如何确定几时几分呢？接下来我们就继续认识几时几分。

师：这个钟面上的时刻是多少？（钟面 4 时 5 分）

生：4 时 5 分。

师：你们是怎么认的？

生 1：时针刚走过 4，是 4 时多，分针指着 1，走过了 5 小格是 5 分，所以是 4 时 5 分。

生 2：确定时间，我们不仅要看时针，还要看分针。

师：这个钟面上的时刻呢？（钟面 4 时 30 分）

生 3：时针在 4 和 5 的中间，是 4 时多，分针指向 6，是 30 分，所以是 4 时 30 分，也可以说是，4 时半。

师：这个时刻呢？（钟面 4 时 45 分）

师：同学们仔细观察这三个钟面上的时针有什么特点？

生 1：它们的时针都指向 4 和 5 之间，是 4 时多。

师：那到底多多少呢？

生 2：我们接着观察分针，看它一共走过几分。

师：想一想，你是怎么认识时间的？

生 3：认识几时几分，先看时针再看分针，时针走过几就是几时多，分针从 12 起走了多少个小格就是多少分。

【思考】在这一环节的教学中，教师通过动态的演示，让学生在具体的画面中观察时针和分针的走动情况，帮助学生清晰地建立"时""分"的概念。可见只要教师的引导得法，便能充分体现学生学习的主体地位，导出精彩的思维火花，引出学生的思维成果。

四、顺势妙引，自然生成

师：大家都能根据钟面的时针和分针认识时刻了，现在反过来，老师给你们一个时刻，你们能不能在钟面上拨出来呢？请大家拿出你们的学具钟面。我们一起走进明明的一天。

这天爸爸妈妈要带明明去冰雪乐园玩。请拨出他们的出发时刻，上午 9 时 30 分。

到达冰雪乐园的时刻，上午 9 时 55 分。

拨出明明滑冰的这个时刻，上午 10 时 15 分。

全家一起滑雪的时刻是上午 11 时 35 分。

冰雪之旅结束了，到了午饭时刻，请拨出中午 12 时 45 分。

拨完的同学同桌互相检查一下！你们都拨对了吗？说说你们哪出错了？同

桌帮你指出来后能自己改正吗？

师：除了刚才的记录方法外，钟面上的时间也可以像这样记录。

（课件出示钟面时间 1:20）先写一个 1，再写两个小圆点，再写分钟数 20。你能用这种方式记录一下其他钟面上的时刻吗？拿出笔写一写吧。

学生展示。

师：6 时 5 分在用这种方法记录时要注意，分钟数不到 10 的时候，要在分钟数前面加"0"！（6:05）

师：通过大家的努力，我们顺利完成这节课的教学任务，马上就要下课了，同学们来看现在的时刻，是几时？

生：9 时。

师：这个钟面是我们上课的时刻，是多少？

生：8 时 20 分。

师：从 8 时 20 分到现在经过了多长时间？

生：40 分钟。

师：那 40 分钟长吗？时间过得真快，这节课马上就要结束了。时光飞逝，日月如梭，时间是非常宝贵的。希望同学们能够珍惜每一分钟，提高效率，做时间的小主人！

【思考】知识源于实践和生活，让学生在具体情境中发现数学、学习数学，应用数学，是学生体验数学的重要途径。通过小结与反思，学生感受到时间的珍贵，教育学生要珍惜每一分钟，从小养成遵守和珍惜时间的良好习惯。

总之，在本节课的教学中，教师优化课堂提问，在解决问题的关键处逐步引导学生深入思考，既突出了学生的主体地位，又凸显了教师的主导作用，实现了有质量的课堂教学。

第六节 追本溯源，深度建构概念

——以"认识周长"教学为例

对于学生而言，概念的学习一直是比较困难的，对概念的理解是学生认识数学现象的基础。"认识周长"是苏教版小学《数学》三年级上册的教学内容，它是学生在认识长方形和正方形的特征之后学习的，学生对于长方形和正方形等平面图形的认识和对图形特征的掌握是建构周长概念的知识基础，在此之后，学生还会继续学习规则图形的周长计算及图形的其他属性特征。如何将"周长"这一抽象的概念贴近学生认知经验？如何让学生在丰富体验中探寻周长概念的本质？带着这样的思考，我们进行了这样的教学尝试。

一、还原生活情境，感悟周长的意义

师：同学们，你们知道这首诗吗？（课件出示古诗）诗中的纸鸢是什么？没错，就是风筝。

师：今天老师为大家带来了四个风筝模型，（屏幕出示风筝模型，分别是三角形、正方形、圆形和正常风筝形状），它们还差最后一道工序——包边，包边就是用材料沿着风筝的边线包上一圈。下面我们进行一项活动，请你们来读一读活动要求，按照活动要求动手做一做吧！

在这个环节中，立足学生学习基础与经验，将生活中的各种长度与周长知识进行衔接，初步感悟图形上的"边线""围起来"等要素，理解图形的"边线"和建立"封闭"的意识。

二、关注操作体验，建构周长的概念

（一）环节一：认周（由面找周并抽象出图形）

教师选择了几幅大家的作品，进行交流。

生1：这位同学的包边不正确，因为他没有包一圈，没有回到起点，所以在包边时我们一定要做到首尾相接。

生2：没有沿着边缘包。

生3：这位同学是从一个点开始包一圈，直到回到这个点，并把多余的丝带减掉，其实就是把丝带绕着风筝的边缘包一圈。

小结：围成封闭图形的线段或曲线就是这个封闭图形的一周。

（二）环节二：量长

如果我们想知道封闭图形一周的长度，你能想办法测量出来吗？

下面请同学们进行小组合作，展示交流。

生1：把三角形的三条边都量了，得到13+13+10=36（厘米）。正方形是9+9+9+9=36（厘米）。

生2：正方形可以只测量一条边，然后再乘4，因为正方形的四条边都相等。像三角形、正方形他们都是直边图形，我们只要量一量各边线的长度再累加即可。

小结：先量后加。

生3：圆形是做一个标记在直尺上滚动一周。

生4：拆下圆的包边丝带，量一量。

小结：同学们，刚才我们进行了包边活动，明确了图形的一周。又通过量一量，算一算，找到了这些包边的长度，看来每个图形的一周都有固定的长度，我们把封闭图形一周的长度叫做它的周长。周长是我们学习数学很重要的一个知识。是的，周其实是封闭图形的一周边线，而长就是这条线的长度。

（三）环节三：画周

师：接下来还有一项活动，请同学们根据活动要求动手操作吧！

展示交流：我们来欣赏这四位同学的作品。上面图形轮廓的长度都是它们的周长吗？

生1：第1个不是，因为它的轮廓没有形成周，不是封闭图形，所以不叫周长。

师：同学们仔细观察，后三幅图形的轮廓有什么相同点和不同点？

生2：这三位同学画出的图形形状、大小都不一样，但是它们的周长都是10厘米。

在周长概念的建构过程中，学生经历了指一指、围一围、想一想、比一比、量一量等学习活动，一是对图形的一周，以及一周的长度获得了直接经验；二是通过经历概念建构的过程，对周长本质属性的认知从模糊到清晰、从清晰到提升；三是建构了直观表象，培养了空间观念。

三、联系生活实际，强化概念理解

师：这里有一张A4纸，老师沿着这个顶点剪掉一个正方形（图4-1），请你指一指这个正方形的周长，和原来相比周长有什么变化？

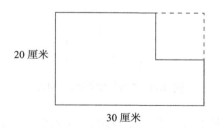

20厘米

30厘米

图4-1 求周长

生：不变。

动画演示：请看屏幕，红色线段就是这个图形的周长，正方形的两条边分别向上和向右平移，和原来长方形的周长相等。

师：沿着这张 A4 纸的任意一个顶点，减掉一个正方形，变化规律一样吗？

生：都一样，周长不变。

师：是不是在 A4 纸的任意一个位置减掉一个小正方形，周长都不变呢？

教师操作，学生观察：沿着边剪一个正方形，像我们汉字中的"凹"字（图 4-2），和原来相比，周长发生了什么变化？

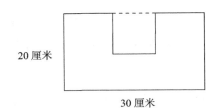

20 厘米

30 厘米

图 4-2 "凹"字图形求周长

动画演示：和原来相比，周长增加了正方形的两个边长。

师：如果沿着其他三条边分别剪掉一个正方形，变化规律一样吗？

生：一样，和原来相比周长增加了正方形的两个边长。

师：我们还可以从内部剪去一个正方形呢。看，现在它像我们汉字中的"回"字（图 4-3），这个图形不常见，它的周长既包含外面一周的长度，也包含里面一周的长度，同学们想一想，和原来相比，就增加了正方形的 4 个边长。

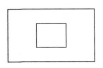

图 4-3 "回"字图形求周长

师：刚才我们都是剪掉一个小正方形，如果增加一个正方形呢？像汉字中的"凸"字。它的周长怎么变呢？

生：增加了。

师：增加 2 个边长，还是 3 个边长呢？

动画演示：增加了小正方形的两个边长，因为上面的这条边原来在这里（动画演示把上面那条边移回原位）。

师：多么巧妙的方法呀，看来比较周长的时候，不能只看图形的大小，还要从本质上看图形一周边线的总长度，可以通过平移的方法比较周长。

建立周长的概念后，教师让学生把一张长方形 A4 纸剪一剪，添一添，使它发生一些变化，然后通过观察、操作、思考，找到了变化中不变的规律，这也是数学的精髓所在，数学研究的就是千变万化中不变的关系。不仅拓宽了学生对周长的概括水平，还提升了学生对周长概念理解的广阔性。

总之，本节课学生在任务驱动下，利用教师提供的各种材料和工具开展了探索，在做中学，在学中做，激发了学生的内驱力和创造力。在探究中理解周长的概念，体会"化曲为直"的思想。在新课程标准尺规作图的要求下，鼓励学生将图形的一周边线用一条线段表示出来，促进了学生的直观想象和推理意识的发展，凸显概念本质，发展了学生的核心素养。

后　记

鲁迅先生说："其实地上本没有路，走的人多了，也便成了路。"笔者想说："其实地上有很多路。属于自己的那条路，坚持走下来，一定会越来越宽广。"回望自己的教育之路，虽然不那么宽广、平坦，却洒满了泪水与汗水，也留下了一串串深深的脚印……

一、超越自我，做学习型名师

读书写作，寻得源头活水。朱永新说："一个人的精神发育史就是他的阅读史！"只有向书本学习，才能不断丰富自己、提高自己、超越自己。在导师的推荐下，笔者先后阅读了《教师如何作质的研究》《小学数学思想方法解读及教学案例》《小学数学核心素养教学论》等专业理论著作，做好读书笔记，撰写读书报告，在不断阅读中提升品位、拓宽视野、丰富知识结构，发表了多篇文章。在这个过程中，笔者的内心变得平静并明白，一个教育者、引领者应该不断学习，不断超越自我。正是抱着这种信念，2019年笔者获得了平顶山市五一劳动奖章。

课堂实践，积累教学经验。课堂教学艺术的提升主要通过大量实践和思想提炼来实现。数学教师的教学素养主要表现在两个方面：一是钻研和运用教材的能力，二是设计和组织教学的能力。从这两个方面入手，通过大量的课堂实践，笔者提炼出自己的教学主张，形成自己的教学风格。

经过执守如一的教学实践，笔者努力解决教学中的热点、难点问题，遵循"务实求活，学思结合"的数学教育思想，深入开展小学数学"创新、互动、高效"的课堂研究，逐步形成"趣味、实效、灵活"的教学风格，并在教学中积极实践。

（1）外出引进，提取专业真经。"独学而无友，则孤陋而寡闻。"为了获得专业知识，笔者不断地争取和创造学习机会，参加了多个教师培训师高级研修班和跟岗研修培训活动，丰富了自己的见闻，也获得了适合自身专业成长的教育真经。

（2）专题讲座，分享教学智慧。为了分享笔者对教育的思考，也为了带动工作室成员一同前行，笔者把教育教学方面的专题进行系统梳理，为教育同行做专题讲座，受众范围从校内到校外，后又辐射到郏县、叶县等地若干所学校。笔者不断反思自己的教育教学理念与行为，立足课堂、研究课堂、发展课堂、享受课堂，承担"国培""省培"及新招聘的教师培训，向专家型名师迈进。

二、注重科研，做研究型名师

"每个教育工作者都应积极参与教育科研工作"，以课题为抓手，从日常的教学和管理的问题出发，来进行科学研究。笔者先后承担了国家级课题两项、省级课题五项和市级课题十余项。身为工作中的有心人，笔者积极撰写论文，在教学实践中发现问题，寻求答案，在研究中谋求进步，提升教育教学理论素养，提高写作水平和能力。笔者围绕教学实践和工作室建设进行课题研究，增强教育科研的针对性，提高教育科研的实效性，以教促研，以研促教，实现理论与实践的有机结合，不断提升教科研水平，向研究型名师迈进。

三、领航赋能，做引领型名师

名师，应名在实处，名在责任。牛玉辉老师工作室自 2015 年成立以来，笔者始终不忘初心，把工作室建设作为自己的一项事业。2016年工作室被命名为平顶山市第二批名师工作室，2018年在叶县、鲁山建立两个乡村工作站，2021年成立中原名师工作室。我们以"专业引领，共同发展"为宗旨，以"立德树人、师德铸魂"为准绳，以课堂教学为主阵地，以课题研究为抓手，以网络平台为交流载体，围绕工作室培养计划，创新活动内容，拓展活动领域，充分发挥工作室的示范引领和辐射带动作用，构建一支集"教学、教研、培训"于一体的具有特色教研风格的优秀工作室团队。

工作室主要通过以下途径提高教师的基本素养：一是专业阅读，深度对话。每学年工作室都举行读书分享会，开展共读一本书、线上读书沙龙活动，在阅读中开展深度对话，实现深度学习。二是课堂诊断，聚焦问题。工作室坚持立足课堂，聚焦问题，通过观课、议课、说课、反思等环节的教研活动，对成员的课堂教学能力进行检验和考核，在一次次研讨课中提升教师的教育理念和教学实践水平。三是课题研究，主题对话。工作室要求成员一年有"小样"，三年有"模样"，五年成"榜样"，从实践型教师向研究型、专家型教师转变。四是送教下乡，辐射引领。工作室先后到叶县、鲁山等地开展送教送培、城乡交流活动，不仅提升了名师工作室的社会影响力和社会认同度，还使先进理念得到更广泛的传播与分享。

在工作室这个充满活力的集体中，每位教师的教育教学技能、教学理念、职业态度均有了改变，在工作室严谨求真的学术氛围里不断成长、不断收获。工作室硕果累累：五项省市级课题结题获奖，多篇论文发表，多名成员被评为省级骨干教师、市级名师、市级骨干教师等。

未来，工作室将拓宽领域，扬帆远航，逐步实现从一个人的行走到一群人的成长。在不断探索和反思中，工作室将创新"1+6+N"培养模式，用一个中原名师带动区域内6个小学数学名师工作室，引领平顶山市多名小学数学教师共同成长。